Der Treuhänder
für das feindliche Vermögen

Von

Dr. jur. Fritz Böckel
Rechtsanwalt am Gemeinschaftlichen Thüringischen
Oberlandesgericht Jena

1919
München, Berlin und Leipzig
J. Schweitzer Verlag (Arthur Sellier)

Druck von Dr. F. P. Datterer & Cie. (Arthur Sellier) München-Freising.

Meinen Berliner Freunden

Kurt Geucke, Wolfgang Hercher und **Alfred Seeliger**

zur Erinnerung an die Zeiten gemeinsamer

vaterländischer Zuversicht und Sorge.

Vorwort.

Die Tätigkeit des Treuhänders für das feindliche Vermögen hat das Schicksal so mancher Kriegsverwaltungsarbeit geteilt, daß sie das Ziel unberechtigter Angriffe geworden ist. Namentlich die Formulare, mit denen der Treuhänder den deutschen Schuldnern seine Absicht ankündigte, die von ihnen auf Grund der Bundesratsverordnung vom 7. Oktober 1915 angemeldeten Forderungen feindlicher Gläubiger in seine Verwaltung zu nehmen, und vor allem der Hinweis, daß die Schulden vom 1. April 1917 ab zu verzinsen seien, hat „unter den deutschen Schuldnern, hauptsächlich der Handelswelt, ein Erstaunen und stellenweise eine Mißstimmung hervorgerufen, die verständlich erscheinen kann, nichtsdestoweniger aber als unberechtigt bezeichnet werden muß. Von vielen Seiten ist sogar der Vorwurf erhoben worden, daß der Treuhänder die Rechte der feindlichen Gläubiger wahrzunehmen scheine, in einer Zeit, wo das deutsche Vermögen im feindlichen Auslande rücksichtslos verschleudert und seinen deutschen Eigentümern nicht die Spur einer Sicherheit dafür geboten werde, daß sie auch nur ihr im Ausland stehendes Kapital jemals wieder zurückerhalten würden".

Auf die Unrichtigkeit solcher Auffassung hat bereits der Stellvertreter des Treuhänders, Geheimer Regierungsrat Dr. Nieders, im 7. und 8. Heft des Plutus vom 13. Februar 1918 hingewiesen. In breiterem Rahmen wollen die nachfolgenden Untersuchungen Grund, Ziel und Zweck der Bestimmungen des Bundesrats darlegen, an die der Treuhänder gebunden ist und zu deren Ausführung er berufen worden ist, und weiter, die Rechtserscheinung des Treuhänders, seine Rechtsstellung, die Aufgaben der neuen Kriegsbehörde und die Art ihrer Behandlung, zusammenfassend und abschließend darstellen. Zum Verständnis der Stellung des Treuhänders im Wirtschaftskriege erscheint dazu ein Überblick über den wirtschaftlichen Vergeltungskampf des deutschen (und des österreichischen) Rechtes geboten.

So möge die kleine Schrift unter Juristen und Laien aufklärend und beruhigend wirken, zugleich ein Denkmal für die eigenartige Gestalt, in der die Kriegsnotwendigkeiten ein altes deutsches Rechtsinstitut zu neuem Leben und zu bedeutsamer Wirksamkeit wieder erweckt haben.

Sie gibt den Rechtszustand von Anfang Oktober 1918 wieder. Seitdem ist die gewaltige Umwälzung, der unfaßbare Zusammenbruch, über unser Vaterland gekommen. Der Treuhänder für das feindliche Vermögen ist geblieben. Eine Änderung ist in der Person eingetreten; aber nicht als eine Wirkung der Revolution. Der bisherige Treuhänder ist aus diesem Amte ausgeschieden, da er am 8. November 1918 zum Präsidenten des „Verwertungsamtes für freiwerdende Heeres-, Marine- und sonstige reichseigne Güter" ernannt wurde — diese bürokratische Mißgeburt der Bezeichnung einer Reichsbehörde hat die revolutionäre Regierung erfreulicherweise mit der Bekanntmachung vom 17. Dezember 1918 RGBl. S. 1445 in „Reichsverwertungsamt" umgetauft. Treuhänder wurde der bisherige Stellvertreter des Treuhänders.

Wie weit die Friedensbedingungen die Ergebnisse der Treuhänderverwaltung, die vom Treuhänder und ihm gegenüber vorgenommenen Rechtshandlungen, berühren werden, läßt sich noch nicht voraussehen. Die Nichtachtung rechtsbegründender Entscheidungen deutscher Prisengerichte durch die Engländer bei Erfüllung der Waffenstillstandsbedingungen eröffnet keine günstigen Aussichten. —

Mit den drei Männern, denen ich die Schrift widme, grüße ich die ganze Runde, mit der ich mich während meiner Kriegstätigkeit in Berlin — erst in der Kriegsrohstoffabteilung des Kriegsministeriums, dann im Reichswirtschaftsamt (siehe das Vorwort meiner Schrift „Wirkungen des Krieges auf Rechtsverhältnisse der Elektrizitäts- und Gaswerke") — zusammenfand in nationalem Fühlen und politischem Denken, grüße ich unsere Ideale. Wenn auch unser Glauben an den Enderfolg des vierjährigen, heldenmütigen Ringens, die Zuversicht, die noch G e u c k e s Wegweiser aus der, uns auch als Siegern bevorstehenden Finanznot (seine Schrift „Reichsmehrbedarf und Steuerermäßigung, Grundriß zu einer Theorie und Reform des Geldes") trug, so schmählich enttäuscht worden ist, so lassen wir uns doch nicht abbringen von dem Vertrauen auf die gesunde Kraft und die Zukunft des deutschen Volkes. In den Tagen der tiefsten Erniedrigung Deutschlands kündet der Dichter und Grübler Geucke von dem unbeirrbaren Hochflug des deutschen Geistes in seiner gedankenschweren Schrift „Goethe und das Welträtsel. Von künftigen Dingen." Zu diesem Weihnachtsfeste, bei dem in Berlin Geschütze, Maschinengewehre und Handgranaten im grauenhaften Bruderkampfe das Geläut der Weihnachtsglocken übertönen, sendet er mir das Büchlein mit der Widmung: „Es gibt keine Zerstörung, die nicht die Auferstehung in sich trüge."

J e n a, Revolutions-Weihnachten 1918.

Dr. Fritz Böckel.

Inhaltsverzeichnis.

Anhang.

Seite

A. Deutsches Recht.

1. Kapitel.

A. Der Wirtschaftskrieg bis zur Ernennung des Treuhänders für das feindliche Vermögen.

I. Der Treuhänder ist keine Kriegsgesellschaft; nicht, wie oft geschrieben wird, „Treuhändler", auch nicht „Treuhandgesellschaft". Man hat sich auch nicht zu wenden an „die Treuhänder". Es gibt nur einen „Treuhänder für das feindliche Vermögen".

Auf Grund des § 3 des Gesetzes vom 4. August 1914 über die Ermächtigung des Bundesrats zu wirtschaftlichen Maßnahmen (RGBl. S. 327, s. u. II) bestimmte die Verordnung des Bundesrats vom 19. April 1917 (RGBl. S. 363)[1]) in § 1:

„Der Reichskanzler ernennt einen Treuhänder für das feindliche Vermögen."

Der Reichskanzler hat daraufhin den Geheimen Oberregierungsrat Albert, vortragenden Rat im Reichsamt des Innern, zum Treuhänder und später den Geh. Regierungsrat Dr. Nieders zu dessen Vertreter bestellt (Nr. 95 und 289 des deutschen Reichs- und Preuß. Staatsanzeigers vom 21. April und 6. Dezember 1917). Die Denkschrift zur Begründung der BRVO. vom 19. April 1917 rechtfertigte die Errichtung der neuen Reichsbehörde: „Mit dem Fortschreiten des Wirtschaftskrieges (und der Verbreiterung der wirtschaftlichen Folgen des Krieges) hat sich immer mehr die Notwendigkeit einer Zusammenfassung der Verwaltung der liquiden feindlichen Vermögenswerte geltend gemacht." Darum erscheint ein Überblick über die Entwickelung des Wirtschaftskrieges, über die Steigerung der Maßnahmen bis zur Bestellung des Treuhänders zum Verständnis der neuen Einrichtung geboten.[2])

[1]) S. Anhang A X 1 S. 103.

[2]) Eine Schilderung des gesamten Wirtschaftskrieges soll hier nicht gegeben werden. Es handelt sich nur darum, die einzelnen wichtigeren Entwicklungsstufen bis zur Ernennung des Treuhänders festzustellen, also nur Grundzüge, unter Verzicht auf eine erschöpfende Aufzählung der zu den einzelnen Hauptvorschriften gehörenden Nebenbestimmungen.

II. Der Wirtschaftskrieg ist uns von unsern Feinden aufgezwungen worden. England und Frankreich wetteiferten, die einzelnen Kampfmittel zuerst anzuwenden.[3]) England hat den Handelskrieg begonnen mit der Königl. Verordnung vom 5. August 1914 und der Proklamation vom 9. September 1914, Frankreich insbesondere durch die Verordnung vom 27. September 1914 über das Verbot der Handelsbeziehungen zum Deutschen Reich und Österreich-Ungarn.

Von deutscher Seite wurde der Wirtschaftskrieg nicht gleich dem militärischen Kriege mit einem scharfen, erfolgreichen Vorstoß erwidert. Wir beschränkten uns regelmäßig auf Vergeltungsmaßnahmen. Der Gang unseres Wirtschaftskampfes wird gekennzeichnet durch die Zeitfolge der einzelnen Bundesratsverordnungen.

Die gesetzliche Grundlage all dieser wirtschaftlichen Maßnahmen bildet der § 3 des Gesetzes über die Ermächtigung des Bundesrats zu wirtschaftlichen Maßnahmen und über die Verlängerung der Fristen des Wechsel- und Scheckrechts im Falle kriegerischer Ereignisse vom 4. August 1914 (RGBl. S. 327): „Der Bundesrat wird ermächtigt, während der Zeit des Krieges diejenigen gesetzlichen Maßnahmen anzuordnen, welche sich zur Abhilfe wirtschaftlicher Schädigungen als notwendig erweisen. Diese Maßnahmen sind dem Reichstag bei seinem nächsten Zusammentritt zur Kenntnis zu bringen und auf sein Verlangen aufzuheben.“

1. Eine Kampfmaßnahme, die aber noch keinen Wirtschaftskrieg bedeutete, war die Bekanntmachung über die Geltendmachung von Ansprüchen von Personen, die im Ausland ihren Wohnsitz haben, vom 7. August 1914 (RGBl. S. 360).[4]) Darin wurde den genannten Personen ohne Rücksicht auf die Nationalität die Geltendmachung vermögensrechtlicher Ansprüche, die vor dem 31. Juli 1914 entstanden waren, bis zu einem gewissen Zeitpunkte, der später wiederholt verlängert wurde, vor inländischen Gerichten abgeschnitten, ausgenommen Ansprüche aus dem Betriebe im Inlande unterhaltener gewerblicher Niederlassungen. Bei bereits rechtshängigen Ansprüchen trat eine Unterbrechung des Verfahrens ein. Der Reichskanzler wurde ermächtigt, Ausnahmen zuzulassen,[5]) aber auch aus Gründen der

---

[3]) S. Dove, „Die zwischenstaatlichen Rechtsbeziehungen vor und nach dem Kriege“ in JW. 1916 Nr. 14 S. 979 ff., Nr. 17 S. 1236 ff. und die von ihm S. 1236 Anm. 5 angeführte Literatur.

[4]) S. Anhang A I S. 67; Güthe-Schlegelberger, Kriegsbuch 1, 299; 2, 82; 5, 44; 6, 624. Dazu Menner JW. 1915 S. 859 ff., 1088 f., 1306, 1507 f.; 1916 S. 221 f., S. 771 f.

[5]) Geschehen zugunsten von Österreich-Ungarn (Bekanntmachung vom

Vergeltung die Vorschriften auf die erwähnten Niederlassungen sowie auf Angehörige und juristische Personen eines ausländischen Staates ohne Rücksicht auf den Wohnsitz oder Sitz für anwendbar zu erklären.

2. Teils Kampfhandlung des Wirtschaftskrieges, teils notwendige Maßnahme der Vorsicht war die Bekanntmachung über die Überwachung ausländischer Unternehmungen vom 4. September 1914 (RGBl. S. 397).[6] Sie ermächtigte die Landeszentralbehörden, unter Zustimmung des Reichskanzlers im Wege der Vergeltung Aufsichtspersonen zu bestellen für Unternehmungen in ihrem Gebiet oder Zweigniederlassungen, die vom feindlichen Ausland aus geleitet oder beaufsichtigt werden oder deren Erträgnisse ganz oder zum Teil in das feindliche Ausland abzuführen sind. Die Aufsichtspersonen sollen unter Wahrung der Eigentums- und sonstigen Privatrechte des Unternehmens und auf seine Kosten darüber wachen, daß während des Krieges der Geschäftsbetrieb nicht in einer den deutschen Interessen widerstreitenden Weise geführt wird, und vor allem jede, auch nur mittelbare Abführung der Vermögenswerte des Unternehmens an das feindliche Ausland verhindern. Die Aufsichtspersonen sind insbesondere befugt: geschäftliche Maßnahmen jeder Art, namentlich Verfügungen über Vermögenswerte und Mitteilungen über geschäftliche Angelegenheiten, zu untersagen, die Bücher und Schriften des Unternehmens einzusehen sowie den Bestand der Kasse und die Bestände an Wertpapieren und Waren zu untersuchen, Auskunft über alle Geschäftsangelegenheiten zu verlangen. Die Leiter und Angestellten der Unternehmungen haben bei Strafandrohung (§ 5) den Weisungen der Aufsichtsperson Folge zu leisten. Die Aufsichtsperson ist nicht gesetzlicher Vertreter; ihre Stellung ähnelt der des Zwangsverwalters im Zwangsvollstreckungsverfahren und des Konkursverwalters. Man kann ihr deshalb nicht mit Heß und Sieskind Beamteneigenschaft zusprechen, weil sie von einer staatlichen Behörde bestellt ist, öffentlich-rechtliche Interessen wahrzunehmen.

Die Begrenzung der Zuständigkeit der Aufsichtsperson auf die Überwachung bot den Leitern und Angestellten des Unternehmens die Möglichkeit, durch Abreise oder Untätigkeit die Aufsichtsperson lahm

20. April 1915, RGBl. S. 231), mit Einschränkungen zugunsten der Schweiz (Bekanntmachung vom 25. Juni 1915, RGBl. S. 361) und gewisser Kostenentscheidungen nicht feindlicher Gerichte (Bekanntmachung vom 18. Februar 1916, RGBl. S. 109).

[6]) S. Anhang A II 1 S. 68; Güthe-Schlegelberger, Kriegsbuch 1, 871; 2, 404; 6, 766. Dazu Menner JW. 1915 S. 1090.

zu legen. Darum gab die BRVO. vom 22. Oktober 1914 (RGBl. S. 447)[7]) die Handhabe, durch das Amtsgericht dem Unternehmen auf Antrag und neben der Aufsichtsperson einen **Vertreter** zu bestellen, wenn ein vertretungsbefugter Leiter oder Angestellter im Inlande nicht vorhanden oder untätig ist. Der Vertreter hat dann die laufenden Geschäfte des Unternehmens ganz oder teilweise zu beendigen, jedoch gebunden an die Anordnungen der Aufsichtsperson.[8])

3. Das in der Überwachungsverordnung enthaltene beschränkte Zahlungsverbot wurde zu einem allgemeinen **Zahlungsverbot** gesteigert. Zunächst gegenüber England durch die BRVO. vom 30. September 1914 (RGBl. S. 421).[9]) Das Zahlungsverbot wurde durch die Bekanntmachung vom 20. Oktober 1914 (RGBl. S. 443) auf Frankreich ausgedehnt, durch die Bekanntmachung vom 19. November 1914 (RGBl. S. 479) auf Rußland und Finnland,[10]) und weiterhin auf die andern feindlichen Staaten.[11]) Das territorial, ohne Rücksicht auf die Nationalität des Empfängers, begrenzte Zahlungsverbot unterband jede Art von Zahlung an das feindliche Ausland, „mittelbar oder unmittelbar in bar, in Wechseln oder Schecks, durch Überweisung oder in sonstiger Weise". Unter das Zahlungsverbot fallen auch Zahlungen Deutscher, die sich im neutralen Ausland aufhalten, nach dem feindlichen Ausland, ebenso Überweisungen aus einem im neutralen oder verbündeten Ausland befindlichen Vermögen, das der Verwaltung deutscher Bevollmächtigten untersteht, so wenn der in Deutschland ansässige Testamentsvollstrecker aus dem in der Schweiz befindlichen Vermögen Zahlungen an die in Holland befindlichen

[7]) S. Anhang A II 2 S. 69; **Güthe-Schlegelberger**, Kriegsbuch 1, 87.

[8]) Über den prozessualen Schutz der Aufsichtsperson und des Vertreters gegen Schadenersatzansprüche s. BRVO. v. 24. Juni 1915 (RGBl. S. 351) im Anhang A V 2 S. 76.

[9]) S. Anhang A III 1 S. 70; **Güthe-Schlegelberger**, Kriegsbuch 1, 887; 2, 411; 3, 717; 5, 517; 6, 772. Dazu **Menner** JW. 1915 S. 1089, 1306 f., 1508 f.; 1916 S. 222, 772.

[10]) Ausnahmen für die unter deutscher oder österreich-ungarischer Verwaltung stehenden besetzten Gebiete s. Bekanntmachung vom 19. April 1916 (RGBl. S. 312) und Bekanntmachung vom 3. Febr. 1917 (RGBl. S. 103).

[11]) Für Ägypten und franz. Marokko s. Bekanntmachung vom 14. Okt. 1915 (RGBl. S. 673), Rumänien Bek. 28. August 1916 (RGBl. S. 971), Italien Bek. 24. November 1916 (RGBl. S. 1289) und 7. Juni 1917 (RGBl. S. 483), Portugal Bek. 14. Mai 1916 (RGBl. S. 375), Vereinigte Staaten Bek. 9. Aug. 1917 (RGBl. S. 708), Siam, Liberia und China Bek. 12. Sept. 1917 (RGBl. S. 831), Brasilien Bek. 10. Januar 1918 (RGBl. S. 38).

englischen Erben überweisen will.[12]) Demgemäß wurden, über die prozessualen Bestimmungen in der Verordnung vom 7. August 1914 (s. oben 1) hinaus, nunmehr auch materiell-rechtlich die von dem Zahlungsverbot betroffenen Ansprüche mit einer gesetzlichen Fiktion gestundet[13]) (sie „gelten bis auf weiteres als gestundet", § 2), mit Rückwirkung auf den 31. März 1914. „Für die Dauer der Stundung können Zinsen nicht gefordert werden." Diese Vorschrift fand naturgemäß bei den deutschen Schuldnern, namentlich der Geschäftswelt, Anklang, und darum wurde wohl kaum die Bestimmung des § 3 beachtet, wonach sich der Schuldner dadurch befreien konnte, daß er die geschuldeten Beträge oder Wertpapiere bei der Reichsbank für Rechnung des Berechtigten hinterlegte. Die Strafbestimmungen, die das Zahlungsverbot verstärkten, wurden auch zur Sicherung und Erstreckung der deutschen Ausfuhrverbote erlassen (§ 6).

Von dem Zahlungsverbot wurden ausgenommen Leistungen zur Unterstützung Deutscher im Auslande (§ 1 Abs. 2) und die im Inland erfolgte Erfüllung von Ansprüchen inländischer Niederlassungen[14]) (§ 5). Zu weiteren Ausnahmen wurde der Reichskanzler ermächtigt (§ 7). Dieser hat namentlich die Zahlungen für Patent-, Muster- und Warenzeichenschutz (Bek. vom 13. Oktober 1914, RAnz. Nr. 242) und für fällige, nicht ausreichend gedeckte Miete (Bek. vom 20. Oktober 1915, RAnz. Nr. 248) befreit.[15])

Weniger eine besondere Gestalt des Zahlungsverbotes gegen England, als ein Akt der Notwehr gegen die Entwertung deutscher Anleihen durch englische Schleuderangebote war die BRVO. vom 19. November 1914 über das Verbot des Handels mit in England abgestempelten Wertpapieren, soweit sie sich nicht seit dem 31. Juli 1914 ununterbrochen im Inland befunden haben (RGBl. S. 477).[16])

---

[12]) Hierzu ist die Genehmigung des Treuhänders erforderlich (s. u. C IV 1, auch RGSt. 49, 437).

[13]) Über die Rechtswirkungen der Stundung s. Ohse in JW. 1917 S. 251 f.

[14]) Auch Grundstücke, s. BRVO. v. 25. März 1915 (RGBl. S. 185); nicht aber für die einer auswärtigen Bank im Betriebe einer inländischen Niederlassung, insbesondere aus Wechselverkehr, entstandenen Ansprüche, s. Bundesratsverordnung vom 22. Dezember 1914 (RGBl. S. 542).

[15]) Die ausdrückliche Aufhebung des Zahlungsverbotes zugunsten deutscher Flüchtlinge s. Bek. vom 20. Dez. 1914 (RGBl. S. 550 — Anhang A III 2 S. 71) und der Stundungsvorschrift zugunsten von Deutschen, die sich im Inland oder gleichgestellten Gebieten aufhalten, s. Bundesratsverordnung vom 17. Januar 1917 (RGBl. S. 51 — Anhang A III 3 S. 72) nebst Bek. vom 3. Februar 1917 (RGBl. S. 103) und dazu Ohse in JW. 1917 S. 253 ff. und Tischbein JW. 1917 S. 275 f. (s. auch unten C IV 3).

[16]) Güthe-Schlegelberger, Kriegsbuch 1, 529.

4. Auf feindliche Waren legte die BRVO. betr. die Behandlung feindlicher Zollgüter vom 15. Oktober 1914 (RGBl. S. 438) die Hand.[17]) Als Vergeltungsmaßnahme gegenüber der Anordnung des französischen Finanzministeriums vom 13. August 1914, wonach deutsche und österreichische Zollgüter vorläufig festgehalten werden sollten, um eingezogen und zugunsten des Fiskus verkauft zu werden, und gegenüber ähnlichem Vorgehen des übrigen feindlichen Auslandes bestimmte sie: Waren, die sich im Inland für Rechnung einer Person befinden, die in Frankreich, Großbritannien oder Rußland (auch Kolonien oder auswärtigen Besitzungen) ihren Wohnsitz oder Sitz hat, sind, solange sie noch nicht in den freien Verkehr getreten sind, durch die Zollbehörde vorläufig festzuhalten (§ 1 Abs. 1, s. dazu Bek. vom 4. Januar 1915, RGBl. S. 2). Der Reichskanzler wurde ermächtigt, im Wege der Vergeltung anzuordnen, daß die festgehaltenen Waren zugunsten des Reichs eingezogen werden.[18])

5. Der nächste Schritt führte von der bloßen Überwachung ausländischer Unternehmungen zur Zwangsverwaltung. Diese Kampfmaßnahme richtete sich zuerst gegen Frankreich; denn Frankreich war bereits seit Anfang Oktober 1914 zur Sequestrierung aller deutschen und österreich-ungarischen Vermögensinteressen in Frankreich geschritten (s. Dove, JW. 1916 S. 1238). Durch die BRVO. betr. die zwangsweise Verwaltung französischer Unternehmungen vom 26. November 1914 (RGBl. S. 487)[19]) wurden die Landeszentralbehörden ermächtigt, unter Zustimmung des Reichskanzlers im Wege der Vergeltung Unternehmungen, deren Kapital ganz oder überwiegend französischen Staatsangehörigen zusteht, zwangsweise unter Verwaltung zu stellen, auch wenn zur Verdeckung der Beteiligung französischer Staatsangehöriger Angehörige anderer Staaten vorgeschoben wurden. Der Kreis des Unternehmens wurde (in § 7) auf die Niederlassung eines Unternehmens und auf Grundstücke und durch die BRVO. vom 10. Februar 1916 (RGBl. S. 89)[20]) auch auf Vermögenswerte, die zu einem Unternehmen gehören, sowie Nachlaß-

---

[17]) S. Anhang A IV S. 73; Güthe-Schlegelberger, Kriegsbuch 1, 915.

[18]) Die Bundesratsverordnung vom 15. Oktober 1914 ist außer Kraft gesetzt worden hinsichtlich Belgiens durch die Bekanntmachung des Reichskanzlers vom 4. Januar 1915 (RGBl. S. 2) und hinsichtlich der besetzten Gebiete Rußlands durch die Bekanntmachung vom 14. März 1916 (RGBl. S. 163).

[19]) S. Anhang A V 1 S. 74; Güthe-Schlegelberger, Kriegsbuch 1, 880; 2, 405; 3, 706; 4, 816; 6, 766. Dazu Menner JW. 1915 S. 1090, 1307 f., 1509; 1916 S. 222 f., 772.

[20]) S. Anhang A V 3 S. 77; Güthe-Schlegelberger, Kriegsbuch 2, 410.

massen ausgedehnt. Aus besonderen Gründen können zur Vergeltung aber auch sonstige Vermögenswerte mit Zustimmung des Reichskanzlers unter Zwangsverwaltung gestellt werden (Art. 1 Abs. 2 der Bek. vom 10. Februar 1916). Damit war die Möglichkeit gegeben, im Verwaltungswege jeglichen Vermögenswert eines feindlichen Ausländers im Inland unter Zwangsverwaltung zu stellen.

Während die BRVO. vom 7. August 1914 (s. oben 1), vom 4. September 1914 (s. oben 2) und 30. September 1914 (s. oben 3) territorial begrenzt waren, war die BRVO. vom 26. November 1914 national zugespitzt. Sie richtete sich gegen den feindlichen Staatsangehörigen, gleichgültig, wo er seinen Wohnsitz hatte, gleichgültig, ob die Niederlassung des Feindes im Inlande war. Die Versuche, die Zwangsverwaltung durch eine Veräußerung der feindländischen Rechte zu verhindern, waren schon durch die BRVO. vom 5. Januar 1915 betr. Änderungen hinsichtlich der Kapitalbeteiligung an einem Unternehmen (RGBl. S. 13)[21]) unterbunden worden. Nach dem 26. November 1914 erfolgte Änderungen der Kapitalbeteiligung schließen die Zwangsverwaltung nicht aus. Bei Anordnung der Zwangsverwaltung steht dem Erwerber ein Rücktrittsrecht zu.

Der Verwalter hat sich in den Besitz des Unternehmens zu setzen. Er ist zu allen Rechtshandlungen für das Unternehmen befugt.[22]) Er kann das Unternehmen ganz oder teilweise fortführen oder sich auf die Beendigung der laufenden Geschäfte beschränken (§ 2 BRVO. vom 26. November 1914).[23])

Der § 3 der BRVO. gab dem Reichskanzler eine noch schärfere Vergeltungsmaßnahme in die Hand: Über die in § 2 bezeichnete Aufgabe der Zwangsverwaltung hinaus darf er die Auflösung des feindländischen Unternehmens (bei Grundstücken also die Veräußerung) für zulässig erklären, bei Gesellschaften, die im Inlande ihren Sitz haben, ohne die Voraussetzungen, unter denen der Zwangsverwalter (nach § 2 Abs. 2) die Auflösung bewirken kann (nur auf Antrag eines deutschen Gesellschafters, nach Abwickelung der Geschäfte und nur unter Zustimmung der Landeszentralbehörde).[24])

[21]) Güthe-Schlegelberger, Kriegsbuch 1, 882.

[22]) Eine Aufhebung der Stundung nach § 2 BRVO. vom 30. Sept. 1914 s. BRVO. vom 25. März 1915 (RGBl. S. 185) und BRVO. vom 24. August 1916, dazu Peter JW. 1917 S. 431 f.

[23]) Über den prozessualen Schutz des Verwalters gegen Schadenersatzansprüche s. BRVO. vom 24. Juni 1915 — Anhang A V 2 S. 76.

[24]) Unklar erscheint das Verhältnis des § 3 zu der Liquidationsverordnung vom 31. Juli 1916 (s. u. 8). Weder in der Denkschrift zu den beiden

Da England mit den Gesetzen vom 18. September und 27. November 1914 dem Vorbilde Frankreichs gefolgt war, erstreckte der Reichskanzler die Vorschriften der BRVO. vom 26. November 1914 gemäß der ihm in § 9 erteilten Ermächtigung auf England durch die Bekanntmachung vom 22. Dezember 1914 (RGBl. S. 556); zur Vergeltung wurde sie weiterhin ausgedehnt durch die Bekanntmachung vom 4. März 1915 (RGBl. S. 133) auf Rußland, vom 28. September 1916 (RGBl. S. 1099) auf Rumänien, vom 12. September 1917 Art. 3 (RGBl. S. 831) auf Siam und China und vom 13. Dezember 1917 (RGBl. S. 1105) auf die Vereinigten Staaten.

6. Eine der wichtigsten Vergeltungsmaßregeln brachte die BRVO. über gewerbliche Schutzrechte feindlicher Staatsangehöriger vom 1. Juli 1915 (RGBl. S. 414),[25]) wiederum ein Beweis für die Langmut und das Abwarten der deutschen Regierung in Ansehung der wirtschaftlichen Kriegführung. England hatte diese schon im August 1914 auf das Gebiet des gewerblichen Rechtsschutzes ausgedehnt. Darüber hinaus hatte Rußland mit dem Gesetz vom 11. März 1915 Deutschen die Erteilung von Patenten verweigert und ihre Patente teils für ungültig, teils als Eigentum des russischen Staates erklärt. Demgegenüber ermächtigte die BRVO. vom 1. Juli 1915 den Reichskanzler, Patent-, Gebrauchsmuster- und Warenzeichenrechte feindlicher Staatsangehöriger[26]) im öffentlichen Interesse zu beschränken oder aufzuheben, insbesondere auch Ausübungs- und

Verordnungen noch sonst habe ich die Feststellung des Unterschiedes, der hier zwischen Auflösung und Liquidation etwa gemacht werden soll, gefunden. Inwieweit geht die Liquidation über die Auflösung nach § 3 hinaus? Ist in der Liquidationsverordnung etwa nur die weitere Ausführung zu erblicken, in welcher Weise die Auflösung nach § 3 der Verordnung vom 26. November 1914 zu erfolgen haben würde? Auf eine Anfrage hat der Staatssekretär des Reichsjustizamts erwidert: „Eine Erörterung des Verhältnisses der Verordnung vom 31. Juli 1916 zu § 3 der Verordnung vom 26. November 1914 bedaure ich ablehnen zu müssen, da die Erteilung einer solchen Auskunft an Privatpersonen nicht zu den verfassungsmäßigen Aufgaben des Reichs-Justizamts gehört."

[25]) S. Anhang A VI 1 S. 77; Güthe-Schlegelberger, Kriegsbuch 1, 941; 2, 445; 3, 730; 4, 819; 6, 776. Dazu die Ausführungsbestimmungen des Reichskanzlers vom 2. Juli 1915 (RGBl. S. 417 — Anhang A VI 2 S. 79) und die Bekanntmachung des Reichskanzlers vom 25. Januar 1917 (RGBl. S. 73) zugunsten eines Teiles des besetzten Polens.

[26]) Sie richtete sich zunächst gegen England, Frankreich und Rußland (§ 5), wurde dann aber ausgedehnt durch die Bekanntmachungen vom 23. Juni 1916 (RGBl S. 575) und 28. Dezember 1917 (RGBl. S. 1128) auf Portugal, vom 9. Januar 1917 (RGBl. S. 29) und 7. Mai 1917 (RGBl. S. 403) auf

Nutzungsrechte daran anderen zu erteilen (§ 1). Auf Anmeldungen von Angehörigen feindlicher Staaten durften Patente nicht mehr erteilt, Gebrauchsmuster oder Warenzeichen nicht mehr eingetragen werden (§ 2). Den Patenten der Russen wurde die Wirkung vom 11. März 1915 an abgesprochen, so daß die Benutzung der Erfindung jedermann freistand; gewahrt blieben die an den Patenten bestehenden Rechte von Angehörigen nicht feindlicher Staaten zur Ausübung oder Nutzung; die Lizenzforderungen des Patentinhabers wurden jedoch dem Reiche übertragen (§ 6).

7. Die BRVO. vom 4. September 1914 und 26. November 1914 (s. oben 2 und 5), welche die Überwachung und dann die Zwangsverwaltung feindlicher Unternehmungen ermöglichten, ergriffen zunächst nur das den Behörden ohne weiteres, durch Handelsregister und Grundbuch und sonstige Mittel der Offenkundigkeit, bekannte feindliche Vermögen. Neben Unternehmungen und Grundstücken befand sich aber im Inlande noch sehr erhebliches feindliches Vermögen, vor allem in Gestalt der Forderungen feindlicher Staatsangehöriger gegen Schuldner im Deutschen Reiche. Dies festzustellen und über das Zahlungsverbot hinaus mit Beschlag zu belegen, erschien geboten sowohl für den Fall einer Verschärfung des Wirtschaftskrieges durch weitere Vergeltungsmaßnahmen wie auch im Hinblick auf Friedensverhandlungen. Es galt, für Friedensverhandlungen und für den angedrohten Wirtschaftskrieg unsere Kompensationsobjekte festzustellen.

Das geschah durch die BRVO. über die Anmeldung des im Inlande befindlichen Vermögens von Angehörigen feindlicher Staaten vom 7. Oktober 1915 (RGBl. S. 633)[27]) und die Ausführungsvorschriften des Reichskanzlers vom 10. Oktober 1915 (RGBl. S. 653).[28]) Darum scheidet die Bekanntmachung vom 10. Oktober 1915 in Art. 7 von der Anmeldepflicht aus das von einer Reichs-, Staats- oder Kommunalbehörde verwaltete, verwahrte oder geschuldete Vermögen sowie das nach den Anordnungen vom 4. September und 26. November 1914 unter staatlicher Überwachung oder zwangsweiser Verwaltung stehende Vermögen.

Italien, vom 3. Januar 1918 (RGBl. S. 6) auf die Vereinigten Staaten, vom 25. Januar 1918 (RGBl. S. 61) auf Japan, vom 25. Februar 1918 (RGBl. S. 89) auf Brasilien.

[27]) S. Anhang A VII 1 S. 80; Güthe-Schlegelberger, Kriegsbuch 2, 424; 3, 727; 6, 774. Dazu Bernstein JW. 1915 S. 1315; Menner JW. 1916 S. 223.

[28]) S. Anhang A VII 2 S. 82; Güthe-Schlegelberger, Kriegsbuch 2, 425.

a) Das im Inland befindliche Vermögen von Angehörigen feindlicher Staaten,[29]) auch der Staaten selbst, war bei der von der Landeszentralbehörde[30]) bestimmten Stelle, meist der Handelskammer, anzumelden,[31]) insbesondere auch Beteiligungen an einem Unternehmen, das im Inland seinen Sitz hat, sowie vermögensrechtliche Ansprüche aller Art gegen Personen, die im Inland ihren Wohnsitz oder Sitz haben (§§ 1 und 6 BRVO. vom 7. Oktober 1915). Die nationale Begrenzung an Stelle der territorialen betonte Art. 5 der Bek. vom 10. Oktober 1915: Ist keiner der Inhaber eines im feindlichen Ausland ansässigen Unternehmens feindlicher Staatsangehöriger, so entfällt die Anmeldepflicht; ein im nicht feindlichen Ausland ansässiges Unternehmen, dessen sämtliche Inhaber feindliche Staatsangehörige sind, steht einem im feindlichen Ausland ansässigen Unternehmen gleich. Die Schwierigkeit der Feststellung der Staatsangehörigkeit eines im feindlichen Auslande sich aufhaltenden Gläubigers führte zu der gesetzlichen Vermutung des Art. 7 der Bek. vom 10. Oktober 1915.[32])

[29]) Die BRVO. zählte als feindliche Staaten nur Großbritannien und Irland, Frankreich, Rußland und Finnland, ihre Kolonien und auswärtigen Besitzungen auf, ermächtigte aber den Reichskanzler, ihre Vorschriften ganz oder teilweise auch auf andere feindliche Staaten sowie auf Länder, die vom Feinde besetzt sind, für anwendbar zu erklären (§ 4). Daraufhin hat der Reichskanzler in der Bekanntmachung über die Anmeldung des im Inland befindlichen Vermögens von Angehörigen feindlicher Staaten und über die Anmeldung von Auslandsforderungen, vom 30. Januar 1918 (RGBl. S. 67 — Anhang VII 4 S. 85), die Anmeldepflicht und die Sperre auf das im Inland befindliche Vermögen der Angehörigen von Japan, Portugal, Italien, der Vereinigten Staaten, von Panama, Kuba, Siam, Liberia, China und Brasilien erstreckt. Nur die Vorschriften der Verordnung vom 7. Oktober 1915 über die Sperre, nicht über die Anmeldepflicht, waren bereits vorher für anwendbar erklärt gegenüber den Staatsangehörigen von Portugal durch die Bek. vom 14. Mai 1916 (RGBl. S. 375), gegenüber Rumänien durch die Bek. vom 28. Aug. 1916 (RGBl. S. 971), gegenüber Italien durch die Bek. vom 24. November 1916 (RGBl. S. 1289), gegenüber Siam und China durch die Bek. vom 12. Sept. 1917 Art. 2 (RGBl. S. 831), gegenüber Brasilien durch die Bek. vom 10. Jan. 1918 Art. 2 (RGBl. S. 38).

[30]) Über die Ermächtigung des Reichskanzlers zur Bestimmung der Anmeldestellen s. BRVO. vom 24. Januar 1918 (RGBl. S. 62) § 1 (Anhang VII 3 S. 84).

[31]) Nach Maßgabe der von der Landeszentralbehörde erlassenen Bestimmungen auch das Vermögen von Personen, die auf Grund des § 27 Abs. 1 des Reichs- und Staats-Angehörigkeitsgesetzes vom 22. Juli 1913 der deutschen Staatsangehörigkeit verlustig erklärt oder landesflüchtig sind (BRVO. vom 23. März 1916 RGBl. S. 185).

[32]) „Besteht Zweifel über die Staatsangehörigkeit einer Person, die

Die Ausführungsbestimmungen vom 10. Oktober 1915 sorgten zur Erleichterung späterer Verwertung für eine Feststellung der verschiedenen Arten des feindlichen Vermögens gleich bei der Anmeldung, indem für vier Gruppen die Benutzung besonderer Anmeldebogen[33]) vorgeschrieben wurde (Art. 1—4 der Bek. vom 10. Oktober 1915):

α) Feindliche Ausländer, die ihren Aufenthalt im Inland haben, ausgenommen die Kriegsgefangenen, hatten ihr gesamtes im Inland befindliches Aktivvermögen mit Anmeldebogen A anzumelden.

β) Wer im Inland befindliche Vermögenswerte eines feindlichen Staatsangehörigen oder Unternehmens verwaltete oder in Verwahrung hatte, mußte Anmeldebogen B benutzen.

γ) Wer einem im Ausland befindlichen Staatsangehörigen oder Unternehmen eine auf Geld lautende Leistung schuldete, hatte die Schuld mit Anmeldebogen C anzumelden.

δ) Die Leiter oder Geschäftsführer eines im Inland ansässigen Unternehmens hatten die Beteiligungen feindlicher Staatsangehöriger, z. B. Aktienbesitz, mit Anmeldebogen D anzumelden.

Nicht anzumelden waren: von einer noch ausstehenden Gegenleistung abhängige Leistungen (Art. 11 Bek. vom 10. Oktober 1915); Bürgschafts- und Regreßschulden, außer wenn der Haftungsfall schon eingetreten war; Versicherungsprämien, außer wenn der Versicherungsfall schon eingetreten war; Urheberrechte und gewerbliche Schutzrechte an sich, wohl aber aus ihnen erwachsene vermögensrechtliche Ansprüche; Seeschiffe (Art. 10 Bek. vom 10. Oktober 1915).

b) Die Sperre des im Inland befindlichen feindlichen Vermögens wurde dahin ausgesprochen, daß es — unbeschadet weitergehender Anordnungen der Militärbefehlshaber — nur mit Genehmigung des Reichskanzlers,[34]) später des Treuhänders, veräußert, abgetreten oder belastet werden darf.[35]) Der Beschränkung[36]) unterliegt jedoch nicht:

α) die Ausübung eines vor dem 9. Oktober 1915 erworbenen

---

ihren Wohnsitz oder ihren dauernden Aufenthalt im feindlichen Ausland hat, so hat der Anmeldepflichtige sie als feindlichen Staatsangehörigen im Sinne dieser Bekanntmachung zu behandeln."

33) S. Anhang A VII 5 S. 86.

34) Eine solche allgemeine Ausnahme von den Bestimmungen der §§ 8 und 10 BRVO. vom 7. Oktober 1915 zugunsten von Personen in den unter deutscher Verwaltung stehenden Gebieten Rußlands s. Bek. des Reichskanzlers vom 21. Oktober 1915 (RGBl. S. 707 — Anhang A VII 6 S. 96).

35) Also nur soweit die Verfügung nach dem Inkrafttreten der BRVO. — 9. Okt. 1915 — erfolgt ist. Darüber hinaus kann aber der Reichskanzler eine nach

dinglichen Rechtes oder kaufmännischen Zurückbehaltungsrechtes (§ 8 Abs. 2 BRVO. vom 7. Oktober 1915),

β) das Vermögen feindlicher Staatsangehöriger, die sich im Inland aufhalten,

γ) bei feindlichem Vermögen, das zu einem im Inland befindlichen Betriebe gehört, die Veräußerung, Abtretung oder Belastung zugunsten von Personen, die im Inland ihren Wohnsitz, Sitz oder dauernden Aufenthalt haben,

δ) das einer staatlichen Aufsicht oder Verwaltung nach den BRVO vom 4. September und 26. November 1914 (s. oben A II 2 und 5) unterstellte Vermögen (zu β—γ s. § 9 BRVO. vom 7. Oktober 1915).

Unter Strafandrohung (§ 13) wurde verboten, ohne Genehmigung des Reichskanzlers, später des Treuhänders, Eigentum von Angehörigen feindlicher Staaten, insbesondere Wertpapiere und Geldstücke, unmittelbar oder mittelbar nach dem Ausland abzuführen, ausgenommen Reisegut (§ 10 BRVO. vom 7. Oktober 1915).

8. Die bisher schärfste Vergeltungsmaßnahme, die auch erst mit auffallendem, vielleicht bedauerlichen Zögern dem Rechtsbruch des Feindes folgte, stellt die BRVO. betr. Liquidation britischer Unternehmungen vom 31. Juli 1916 (RGBl. S. 871)[37]) dar.

a) Die britische Regierung hatte schon am 27. Oktober 1914 ohne Anlaß und ohne Vorgang in der Geschichte der Kriegführung überhaupt die zwangsweise Liquidierung deutscher Unternehmungen in Hongkong, bald danach auch in den Straits-Settlements und schließlich auch in anderen britischen und besetzten deutschen Kolonien veranlaßt. Um jede Willkür der Liquidatoren, ja selbst eine absichtliche Bereicherung des Liquidators aus dem ihm anvertrauten Vermögen zu verdecken, hatte die englische Regierung sogar angeordnet, daß die Bücher, Papiere, Rechnungen und Urkunden der feindlichen Ausländer und die des Liquidators „zu vernichten oder in anderer Weise zu behandeln seien".[38]) Ein britisches Gesetz vom 27. Januar 1916 sah dann die Auflösung aller Unternehmungen mit überwiegend deutscher

---

dem 31. Juli 1914 von einem feindlichen Ausländer vorgenommene Veräußerung oder Abtretung für nichtig erklären (aber nicht eine Belastung), wenn anzunehmen ist, daß sie geschah, um den Vermögensgegenstand den deutschen Vergeltungsmaßnahmen zu entziehen (§ 7 Bek. vom 7. Okt. 1915).

[36]) Über die Rechtsfolgen s. u. C IV 1.

[37]) S. Anhang A VIII 1 S. 96; Güthe-Schlegelberger, Kriegsbuch 3, 711.

[38]) Denkschrift zur BRVO. vom 31. Juli 1916 bei Güthe-Schlegelberger, Kriegsbuch 3, 713.

Beteiligung oder mit deutscher Leitung und die Enteignung alles sonstigen den Engländern begehrenswert erscheinenden deutschen Besitzes im britischen Reiche vor. Über seine Wirkung berichtet die Denkschrift zur Begründung der BRVO. vom 31. Juli 1916: „Über mehr als 300 deutsche Firmen ist bis Mitte August 1916 die Liquidation verhängt worden. Die Veräußerung aller Werte der zu liquidierenden Firmen erfolgt in der Regel mit der größten Beschleunigung und vielfach unter Beiseitelassung aller Gebräuche und Rücksichten eines ordentlichen geschäftlichen Verfahrens. So ist es gekommen, daß wertvolle Unternehmungen — und es handelt sich vielfach um außerordentlich hohe Werte, um moderne Großbetriebe mit allen Einrichtungen — dem ersten Besten, der sich zu diesem unsauberen Geschäft hergeben wollte, zu Schleuderpreisen angeboten wurden. In einem Falle wurde den deutschen Aktionären einer britischen Gesellschaft der ‚freiwillige‘ Verkauf ihres Aktienbesitzes zu 50 v. H. des Börsenwertes angesonnen, mit dem Bemerken, daß bei einer Zwangsliquidation ein so günstiges Ergebnis nicht zu erwarten sei. In einem anderen Falle wurden Pfundaktien, die einen hohen Kurswert besaßen, für 10 Schilling weggegeben. Der willkürlichen Bereicherung, insbesondere der Liquidatoren selbst, ist Tür und Tor geöffnet.

Zu diesem Raubzug gegen deutsche Unternehmungen in England trat in neuester Zeit auch noch ein Griff in die Effektendepots, die bei deutschen Banken in London liegen. Es galt, sich aus deutschem Privatbesitz diejenigen Mengen von Effekten, insbesondere von amerikanischen Werten, zu verschaffen, deren man zur Unterlage und Finanzierung der in Amerika aufzunehmenden Riesenanleihe bedurfte. England hat auch diesen Eingriff ohne Scheu vollzogen und ohne Rücksicht darauf, daß vor aller Welt dargetan wurde, daß die Sicherheit der Bankdepots in London nicht mehr existiert.“

Erst nach solcher rücksichtslosen Liquidation der deutschen Firmen und des deutschen Privateigentums im Britischen Reiche schritt die deutsche Regierung zu der BRVO. vom 31. Juli 1916 und ging auch in Belgien gegen englischen Besitz vor.

b) Die BRVO. vom 31. Juli 1916 schloß sich im allgemeinen dem britischen Gesetze vom 27. Januar 1916 an. Während dieses aber die Regierung grundsätzlich verpflichtete, die Liquidierung feindlicher Unternehmungen anzuordnen, gab die BRVO. die Entscheidung darüber, ob ein britisches Unternehmen zu liquidieren ist, dem Reichskanzler anheim.

Die Regelung der Liquidation ist der der Zwangsverwaltung[39]) und der Staatsaufsicht über feindliche Unternehmungen im wesentlichen nachgebildet,[40]) nur daß die Anordnung der Liquidierung von Reichs wegen erfolgt und auch bei der Durchführung dem Reichskanzler eine unmittelbare Mitwirkung zusteht. Die erforderlichen Anordnungen werden dem Liquidator als allgemeine Richtschnur oder als besondere Anweisung für den Einzelfall erteilt. Die Vorschriften über die Liquidation nach dem Handelsgesetzbuch sind demgemäß nicht ohne weiteres anwendbar.

c) Der für ein Unternehmen bestellte Liquidator hat sich in den Besitz des Unternehmens zu setzen. Er ist zu allen Rechtshandlungen für das Unternehmen befugt. Er kann das Unternehmen als Ganzes veräußern (§ 3 Abs. 1). Die Befugnisse des Inhabers des Unternehmens sowie anderer Personen und aller Organe zu Rechtshandlungen für das Unternehmen ruhen (§ 3 Abs. 2).

Ist für die britische Beteiligung an einem Unternehmen ein Liquidator bestellt, so übt er alle Rechte des britischen Beteiligten aus; er ist insbesondere befugt, die Beteiligung an das Unternehmen oder an Dritte zu veräußern; eine offene Handelsgesellschaft, Kommanditgesellschaft oder Gesellschaft mit beschränkter Haftung kann er ohne Einhaltung einer Frist kündigen (§ 3 Abs. 4).[41]) Die Kosten der Liquidation trägt der Liquidationserlös; was auf britische Staatsangehörige entfällt, ist zu hinterlegen (§ 7).

d) Die Verordnung vom 31. Juli 1916 wurde dann durch die Bekanntmachungen vom 14. März 1917 (RGBl. S. 227) auf französische, vom 22. September 1917 (RGBl. S. 876) auf russische, vom 4. März 1918 (RGBl. S. 111) auf amerikanische Unternehmungen ausgedehnt.[42])

[39]) Wegen des Verhältnisses der Liquidationsverordnung zu § 3 der Zwangsverwaltungsverordnung vom 26. November 1914 s. o. 5 Anm. 24 S. 17.

[40]) Über den prozessualen Schutz des Liquidators gegen Schadenersatzansprüche s. § 10.

[41]) Eine Erweiterung des § 3 brachte die BRVO. vom 12. Juli 1917 (RGBl. S. 603 — Anhang A VIII 2 S. 99).

[42]) Über die Befugnis des Reichskanzlers, a) bei Liquidation von Grundstücken im Falle der Veräußerung anzuordnen, daß eine Hypothek oder Grundschuld, für welche der Brief nicht erreichbar ist, erlischt, s. BRVO. vom 18. Januar 1917 (RGBl. S. 65), b) bei Liquidation einer Aktiengesellschaft oder Kommanditgesellschaft auf Aktien, die Inhaberaktien ausgegeben hat, zu bestimmen, daß nach Ablauf einer Frist die Inhaberaktien durch den Liquidator für kraftlos erklärt werden können und von der Gesellschaft neue Aktien ausgestellt werden, s. BRVO. vom 15. Nov. 1917 (RGBl. S. 1051).

9. Die BRVO. betr. Verträge mit feindlichen Staatsangehörigen vom 16. Dezember 1916 (RGBl. S. 1396) nebst Ausführungsbestimmungen vom 17. Dezember 1916 (RGBl. S. 1398)[43]) ermächtigte den Reichskanzler und dieser wieder das Reichsschiedsgericht für Kriegswirtschaft, aus Gründen der Vergeltung auf Antrag eines Deutschen einen Kauf-, Werk- oder Lieferungsvertrag, einen Frachtvertrag über Beförderung von Gütern zur See oder Mietsvertrag über ein Seeschiff, den der Deutsche mit einem Angehörigen Englands, Italiens, Frankreichs — später auch Rußlands, der Vereinigten Staaten, Brasiliens und Siams[44]) — geschlossen hat, für aufgelöst zu erklären. Die Aufhebung kann auf einen Teil des Vertrages beschränkt werden. Sie ist ohne Wirkung, soweit der Verkäufer bereits erfüllt hat.

10. Die Vorschriften über die Anmeldung und Sperre des feindlichen Vermögens (s. oben 7) wurden erst durch die Bekanntmachung über den Treuhänder für das feindliche Vermögen vom 19. April 1917 (RGBl. S. 363)[45]) im richtigen Umfange nutzbar gemacht (s. oben I). Der Treuhänder wurde die Zentralstelle, bei der die Anmeldungen mündeten. Er wurde berufen, das feindliche Vermögen festzustellen und darauf die Hand zu legen und es so zu einer wirksamen Waffe für uns zu gestalten. Zugleich entlastete er bei den zu 2, 3, 5 und 7b erwähnten Vergeltungsmaßnahmen den Reichskanzler, indem eine Reihe von Befugnissen des Reichskanzlers nunmehr ihm zugewiesen wurden.

III. Österreich hat sich, soweit das Reichsgesetzblatt für die im Reichsrate vertretenen Königreiche und Länder erkennen läßt, den deutschen Vorschriften im wesentlichen angeschlossen.

1. Infolge der bekannten innerpolitischen Schwierigkeiten wurde die Grundlage für die Kriegswirtschaftsgesetzgebung nicht wie bei uns durch ein Ermächtigungsgesetz geschaffen, sondern wiederum auf Grund des § 14, mit dem ja schon Jahre vor dem Kriege Österreich regiert worden ist, durch Kaiserliche Verordnung (vom 16. Oktober 1914, RGBl. S. 1147).[46])

---

[43]) S. Anhang A IX 1 u. 2 S. 99 u. 101; Güthe-Schlegelberger, Kriegsbuch 3, 1023; 6, 776.

[44]) Rußland und Finnland: Bek. vom 3. Nov. 1917 (RGBl. S. 1004); Vereinigte Staaten: Bek. vom 31. Dez. 1917 (RGBl. 1918 S. 5); Brasilien: Bek. vom 10. Jan. 1918 Art. 3 (RGBl. S. 38); Siam: Bek. vom 14. Juni 1918 (RGBl S. 657).

[45]) S. Anhang A X 1 S. 103; Güthe-Schlegelberger, Kriegsbuch, 5, 514; 6, 772.

[46]) S. Anhang B I S. 112.

2. Daraufhin erließ das Gesamtministerium unter dem 22. Oktober 1914, teilweise in wörtlicher Übereinstimmung mit den deutschen Bestimmungen, neben und auf Grund der allgemeinen Verordnung über Vergeltungsmaßnahmen gegen Guthaben feindlicher Staatsangehöriger[47]), ein Zahlungsverbot gegen Großbritannien und Frankreich (RGBl. S. 1148)[48]) und eine Verordnung über die Überwachung ausländischer Unternehmungen (RGBl. S. 1149).[49]) Die letztere wurde durch die Verordnung über die Überwachung von Unternehmungen und Liegenschaften vom 7. Oktober 1915 (RGBl. S. 749) ersetzt.[50]) Die Verordnung des Gesamtministeriums vom 1. März 1915 (RGBl. S. 87)[51]) brachte, erheblich kürzer als das deutsche Recht, die Verpflichtung zur Anzeige von Guthaben und Forderungen feindlicher Gläubiger in England, Frankreich und Rußland auf Geld oder Wertpapiere. Einen Treuhänder für das feindliche Vermögen hat Österreich anscheinend nicht erhalten.

3. Auch in den weiteren Verordnungen, die sich um die eben angeführten Hauptbestimmungen ranken, ist das Vorbild des deutschen Rechtes zu spüren. Es seien hier lediglich erwähnt:

a) die Verordnung des Finanzministers im Einvernehmen mit dem Minister für die öffentlichen Arbeiten vom 28. Oktober 1914 über Ausnahmen vom Zahlungsverbot (RGBl. 1914 S. 1168), die Ausnahmen insbesondere zur Erhaltung von Patent-, Muster- und Markenschutzrechten brachte,

b) die Verordnung des Gesamtministeriums vom 14. Dezember 1914 über die Erlassung eines Zahlungsverbotes gegen Rußland (RGBl. 1914 S. 1300),

c) die Verordnung des Finanzministers im Einvernehmen mit dem Minister des Innern vom 23. Juni 1915 über Ausnahmen vom Zahlungsverbot gegen Rußland (RGBl. S. 296), das die unter österreich-ungarischer Militärverwaltung stehenden Gebiete Polens betraf,

d) die Verordnung des Gesamtministeriums vom 16. August 1916 über Vergeltungsmaßnahmen auf dem Gebiete des gewerblichen Rechtsschutzes (RGBl. S. 613),

e) die Verordnung des Finanzministeriums im Einvernehmen

---

47) S. Anhang B II S. 112.

48) S. Anhang B III S. 113.

49) S. Anhang B IV 1 S. 114.

50) S. Anhang B IV 2 S. 115.

51) S. Anhang B V S. 118.

mit dem Leiter des Ministeriums des Innern vom 7. September 1916 über Ausnahmen vom Zahlungsverbot gegen Großbritannien, Frankreich und Rußland (RGBl. S. 766): betrifft die unter österreichungarischer oder deutscher Verwaltung stehenden Gebiete Rußlands,

f) die Verordnung des Gesamtministeriums vom 9. Oktober 1916 über die Erlassung eines Zahlungsverbotes gegen Italien, Portugal und Rumänien (RGBl. S. 1064),

g) die Verordnung des Finanzministers im Einvernehmen mit dem Minister des Innern vom 29. Dezember 1917 über Ausnahmen vom Zahlungsverbote gegen Großbritannien, Frankreich, Rußland, Italien, Portugal und Rumänien (RGBl. S. 77): betrifft die von den Verbündeten besetzten Gebiete Rumäniens.

2. Kapitel.

B. Der Treuhänder in der Rechtsgeschichte.

I. Der Begriff des Treuhänders ist weder in der Bekanntmachung vom 19. April 1917 noch sonst bestimmt. Gesetzlich ist nur sein Aufgabenkreis, seine Zuständigkeit geregelt. Aus diesen Vorschriften ist sein Wesen festzustellen.

Der Treuhänder ist aber nicht etwas rechtsgeschichtlich völlig Neues. Wir erkennen in ihm vielmehr eine Einrichtung schon des ältesten deutschen Rechtes. Zum Verständnis des Treuhänders des heutigen Kriegsrechts erscheint darum ein Rückblick auf den Treuhänder in der deutschen Rechtsgeschichte angebracht.[1])

II. Das ältere deutsche Recht, auch noch des Mittelalters, ließ eine Vertretung durch Bevollmächtigte grundsätzlich nicht zu (R. Schröder, Deutsche Rechtsgeschichte § 63 5. Aufl. S. 787). Ein Mittel, die Vertretung auf Umwegen zu ermöglichen, gewährten u. a. die Rechtsgeschäfte zu treuer Hand (Schröder a. a. O. Anm. 5). So entwickelte das deutsche Recht das Rechtsinstitut des Treuhänders.

1. Das fränkische Recht kannte einen Treuhänder bei der Freilassung eines Halbfreien, Hörigen. Die Freilassung zu vollem Recht wurde nicht durch den Herrn selbst vollzogen, sondern durch eine Zwischenperson, einen Treuhänder. Dieser empfing den Hörigen von dem Herrn aus treuer Hand. Dadurch sollte die Absonderung des Freizulassenden aus der Hausherrschaft des bisherigen Herrn augenscheinlich gemacht werden. Der Treuhänder vollzog dann die Freilassung selbst; er schnellte dem Freizulassenden einen Denar aus den Fingern, wahrscheinlich als Zeichen des Verzichtes auf den bisher gezahlten Leibzins (Freilassung durch Schatzwurf, s. R. Schröder a. a. O. § 29, 5. Aufl. S. 234 f.).

2. Auch das Lehnswesen kannte einen Treuhänder für die Vertretung des minderjährigen Vasallen im Lehnsgericht bis zum Ein-

[1]) Auch hier kann es sich nur um einen kurzen Hinweis handeln, eine rechtsgeschichtliche Untersuchung ist nicht beabsichtigt. Die Aufgabe der Arbeit und ihr Rahmen sind im Vorwort bestimmt.

tritt der Volljährigkeit. (Darüber sowie über die Belehnung des Vormunds zu treuer Hand s. Schröder a. a. O. § 40 S. 426 f.; über den Unterschied zwischen Mündigkeit und Volljährigkeit s. Hübner, Grundzüge des Deutschen Privatrechts § 81 S. 55 ff.).

3. Eine größere Rolle hat der Treuhänder als Salmann gespielt, als der Mittelsmann, der die Sale, die Übergabe, eines Gutes vom Eigentümer an den Erwerber vermittelte und ausführte. Er war **nicht etwa** Stellvertreter.

a) Nach Heusler „Institutionen des deutschen Privatrechts" (Bd. 1 § 49) begegnet er zuerst und vornehmlich auf einem Gebiete, wo von Stellvertretung im eigentlichen Sinne nicht geredet werden kann: bei Zuwendungen auf den Todesfall. Hier sollte die Tradition erst nach dem Tode des Eigentümers zum Vollzug gelangen (Heusler a. a. O. S. 215). „In der älteren testamentlosen Zeit, also etwa bis zum 12. Jahrhundert, waren es die zum Besten des Seelenheils des Schenkers vorgenommenen Vergabungen von Todes wegen, die donationes pro anima, die häufig mit Zuziehung von Salmannen vollzogen wurden. — Wichtiger noch wurde die Stellung des Treuhänders, als im 12., 13. Jahrhundert die einseitige, letztwillige Verfügung, das Testament, neben und an Stelle der zweiseitigen vertragsmäßigen Vergabung von Todes wegen trat und nun der Salmann zu einem wirklichen Testamentsvollstrecker wurde" (Hübner a. a. O. § 113 S. 736).

Nach Hübner hat der Testamentsvollstrecker schon im Mittelalter in allen Gegenden des Abendlandes eine bedeutende Rolle gespielt. Ganz besonders in England; hier hat sich aus ihm „das dem englischen Recht eigentümliche, gemeingermanische Rechtsgedanken eigenartig verwertende Institut der Trust entwickelt" (a. a. O. S. 737, s. u. III). Der Testamentsvollstrecker ist also ein Treuhänder im Sinne des germanischen Rechts, d. h. nicht ein Vertreter fremden Rechts, sondern ein mit eigenem Recht ausgestatteter Vertrauensmann des Erblassers, der dieses Recht entsprechend dem Willen des Erblassers in eignem Namen, aber im Interesse des Erben, ausübt (Hübner a. a. O. S. 738).

b) Erst in zweiter Linie, wenn auch schon früh, wurde der Salmann auch da verwandt, wo keine Vergabung auf den Todesfall vorlag, sondern die Absicht auf sofortige Zuwendung und Übergabe gerichtet war, aber irgendein Hindernis auf seiten des Erwerbers oder des Veräußerers dem direkten Abschlusse des Geschäftes durch die Parteien selbst entgegenstand (Heusler a. a. O. S. 215). So bei bedingungslosen Vergabungen auf Krankenbett oder bei Veräußerungen an kirchliche Anstalten ohne Vorbehalt, wenn die Reliquien des Heiligen nicht bei der Hand waren und die Übergabe daher nicht sofort vollziehbar war. Der Tradent legte das Gut in getreue Hand des Salmanns ohne Vorbehalt zwecks sofortiger oder bei erster Gelegenheit auszuführender Übergabe an den Bedachten (Heusler a. a. O. S. 217).

Der Mittelsmann erhielt das Gut zu getreuer Hand; er hieß darum Treuhänder (manufidelis). Der Veräußerer war nicht etwa der Willkür des Treuhänders ausgeliefert; vielmehr war die Gewalt des Treuhänders über die Sache von vorneherein im Sinne einer solchen Vertrauensstellung rechtlich begrenzt.

4. Weitere fesselnde Spielarten des Treuhänders finden wir bei Heusler (a. a. O. S. 222):

a) „in dem vorzugsweise bayrischen Gebrauche, für eine Liegenschaft einen ständigen Salmann zu haben, durch den alle Veräußerungen und Traditionen vollzogen werden mußten. Das gewährte die Sicherheit, daß kein Unberechtigter über ein solches Gut verfügte; der Salmann wußte, wer dazu befugt sei, und gab sich einem andern nicht zur Vollziehung der Tradition her: er war das lebendige Grundbuch dieses Gutes";

b) in der Verwendung des Salmanns, „um für eine Liegenschaft einen den gesetzlichen Erfordernissen genügenden Vertreter zu erhalten, wenn in der Person des wirklichen Eigentümers ein Anstand zu besorgen war. So mußten nach vielen Stadtrechten Fremde, wenn sie in der Stadt Liegenschaften erwarben, hierfür einen Salmann stellen, an den sich der Rat für die städtischen Steuern u. dgl. hielt."

III. Eine besonders reiche und eigenartige Ausgestaltung hat das gemeingermanische[2]) Institut des Treuhänders im englischen Recht erfahren.[3])

Von alters her dort bekannt, fand es besonders seit den Tagen Edwards III. (1327—1377) — unter dem Einfluß der Geistlichkeit und daher zum Teil mit kanonistischer Färbung — in der Form der uses Verwendung. Zur Ermöglichung von Vergabungen an die tote Hand, zum Schutz gegen Konfiskationen, zur Umgehung der Lehens-

[2]) Über den Unterschied zwischen römischer und germanischer Treuhänderschaft s. Schultze in IheringsJ. Bd. 43 S. 9ff.

[3]) Heymann, Überblick über das englische Privatrecht, in Holtzendorff-Kohlers Enzyklopädie der Rechtswissenschaft, 6. Aufl. 1904 Bd. 1 S. 811.

gebühr, zur Ermöglichung der nach common law unzulässigen letztwilligen Verfügung über Immobilien wurde Immobiliargut zu treuer Hand (under trust) an einen Vertrauensmann (trustee) derart übertragen, daß dem Vergabenden und seinen Rechtsnachfolgern die Nutznießung blieb.

Sein massenhaftes Anwachsen verdankte der trust der im 17. Jahrhundert einsetzenden kapitalistischen Entwickelung. Erst im 19. Jahrhundert und in neuester Zeit aber fand er die ungemein große Anwendung.

Die beherrschende Stellung des Treuhändergedankens im heutigen englischen Rechtsleben faßt Heymann[4]) dahin zusammen: „Nicht nur die englische Rechtsliteratur erwähnt den trustee bei fast allen Materien des Privatrechts und bei vielen des öffentlichen Rechts, sondern vor allem ist die ganze Praxis, das ganze englische Rechtsleben bestimmend beeinflußt durch zahlreiche trust-Verhältnisse."[5])

IV. Im geltenden deutschen Recht und im deutschen Wirtschaftsleben der Gegenwart erfreut sich der Treuhänder ständig wachsender Beachtung.

1. In das helle Licht der Rechtswissenschaft ihn hervorgezogen zu haben, ist das Verdienst Alfred Schultzes. An seinen grundlegenden Untersuchungen[6]) kann, wer sich mit der Rechtserscheinung des Treuhänders befaßt, nicht vorübergehen. Sie haben in hohem Grade anregend gewirkt. Der literarische Streit ist immer lebhafter geworden.[7]) Einmütigkeit besteht weder über den Inhalt, die Konstruktion und den Umfang der Treuhänderrechte im allgemeinen noch über die einzelnen Anwendungsfälle.

a) Die herrschende Meinung in der Treuhänderfrage faßt Riezler in Staudingers Kommentar zum Bürgerlichen Gesetzbuch (Bd. I Vorbemerkungen zum 5. Titel 5c) dahin zusammen:

---

[4]) Heymann, Geschäftsanwälte und Treuhandgesellschaften als Vermögensverwalter nach englischem und deutschem Recht, eine rechtsvergleichende und politische Betrachtung, in der Festgabe für Karl Güterbock, Berlin 1910, S. 563.

[5]) Eine ausführliche Darstellung der englischen Treuhänderschaft s. bei Nachod, Treuhänder und Treuhandgesellschaften, Tübingen 1908, S. 5—47; daselbst auch eine Schilderung der amerikanischen Trust-Companies S. 48—76.

[6]) „Treuhänder im geltenden bürgerlichen Recht", in IheringsJ. Bd. 43 S. 1ff.; vorher schon in seiner Schrift „Die langobardische Treuhand und ihre Umbildung zur Testamentsvollstreckung" (Gierkes Untersuchungen zur deutschen Staats- und Rechtsgeschichte, Heft 49).

[7]) Die neuere Literatur s. bei Staudinger Bd. 1 Vorbemerkungen vor § 164 BGB., Fußnote zu 5 c, 7./8. Aufl. S. 614.

„Die Stellung des Treuhänders (im französischen Recht prête-nom, im englischen trustee) wird dadurch charakterisiert, daß ihm durch Rechtsgeschäft oder durch obrigkeitlichen Akt im fremden Interesse Rechte eingeräumt sind mit der Bestimmung, sie nicht im eigenem Interesse zu gebrauchen, er diese Rechte aber im Gegensatz zum Vertreter im eigenen Namen ausübt. Das der Rechtsmacht des Treuhänders zugrunde liegende Verhältnis zum Treugeber kann ebenso wie das der Vertretungsmacht zugrunde liegende Kausalverhältnis ein verschiedenartiges sein (z. B. Auftrag, Dienstvertrag); nach diesem inneren Verhältnisse bemißt sich auch die Rechtspflicht des Treuhänders.

Seinem Inhalte nach kann das Recht, das dem Treuhänder zusteht, ein bloß obligatorisches oder ein gegenständliches (dingliches) sein. Wie in letzterem Falle zu konstruieren ist, kann fraglich erscheinen. Abzulehnen ist die Annahme eines geteilten Eigentums in dem Sinne, daß das Eigentum (oder sonstige Vollrecht) an dem Gegenstande formell dem Treuhänder, materiell dem Treugeber zustehe; diese Formel gibt nur eine wirtschaftliche, nicht eine juristische Charakterisierung, unsere geltende Rechtsordnung kennt eine Unterscheidung von formellem und materiellem Eigentum überhaupt nicht. Schultze betrachtet das gegenständliche Vollrecht des Treuhänders als ein auflösend bedingtes bzw. befristetes. Doch wird die Durchführung dieser Konstruktion bei Immobilien dadurch erschwert, daß die Auflassung nach § 925 Abs. 2 keine Bedingung verträgt; eine gewisse Sicherung gegenständlicher Natur kann hier erreicht werden durch die Vormerkung (siehe § 883 Abs. 1 Satz 2)."

b) Als Treuhandfälle werden folgende Rechtserscheinungen in Anspruch genommen:[8])

der Testamentsvollstrecker;

der Vermögensträger bei der fiduziarischen Stiftung;

die Deszendenzpflegschaft (für die Leibesfrucht oder für einen noch nicht erzeugten Nacherben);

der Pfandhalter aus § 1189 BGB.[9]) bei einer Inhaber- oder Orderhypothek;[10])[11])

[8]) Über den Widerstreit der Meinungen zu den 4 letztgenannten Fällen s. Grünschild, Die Treuhänderschaft zum Zwecke der Gläubigerbefriedigung, Berlin 1914, S. 3 Anm. 2.

[9]) Vgl. dazu den Treuhänder nach Art. 860 des Schweizer Zivilgesetzbuches vom 10. Dezember 1907.

[10]) S. Böckel, Die Sicherungshypothek, Jena 1901, S. 32 ff.

[11]) S. aber auch RG. in JW. 1906 S. 199 Nr. 18.

der Gläubigervertreter nach dem Reichsgesetz über die gemeinsamen Rechte der Besitzer von Schuldverschreibungen vom 4. Dezember 1899 (siehe insbes. §§ 1 Abs. 2, 14 f.);

der Treuhänder nach §§ 29 ff. des Hypothekenbankgesetzes vom 13. Juli 1899;[12])

der Treuhänder aus § 35 des Reichsgesetzes über die Sicherung der Bauforderungen vom 1. Juni 1909.[13])

2. Daneben schafft das Wirtschaftsleben

a) durch Vereinbarung der Beteiligten in reichem Wechsel der Erscheinungen Treuhänder,[14]) so

im Wechsel- und Bankverkehr in der Form des Vollgiros zu Inkassozwecken,

bei der Sicherungsübereignung (mitunter ganze Warenlager und Handelsgeschäfte),[15])

zur außergerichtlichen Gläubigerbefriedigung bei Zahlungsschwierigkeiten des Schuldners,[16])

zur Ausübung des Stimmrechts in Generalversammlungen,

zur Verwaltung bei einer Mehrheit von Berechtigten,

zur Schaffung eines Rechtsträgers für nicht rechtsfähige Gebilde,

bei Zuwendungen für besondere Zwecke.[17])

b) Besonders bedeutsam war wirtschaftlich die Entwickelung der

---

[12]) Diesen behandelt insbes. Gunz, Die rechtliche Natur des Treuhänders im Hypothekenbankgesetz, Berlin 1903.

[13]) Schultze (a. a. O. S. 90 ff.) sieht auch in den zum Verlangen auf Vollziehung einer erbrechtlichen Auflage Berechtigten (§ 2194 BGB.) Treuhänder.

[14]) Besonders umstritten ist die Rechtslage bei der Sammlung von Beiträgen, s dazu Schultze a. a. O. S. 35 ff. und Staudinger a. a. O. S. 615.

[15]) Sie braucht keine „gemischte Treuhänderschaft" zu sein, wie Schultze a. a. O. S. 1 meint, sondern kann als „reine Treuhänderschaft" vorkommen; vgl. dazu auch Schöny, Treuhandgeschäfte, im Archiv für bürgerl. Recht Bd. 35 (1910) S. 321 f.

[16]) Diesen besonderen Fall beleuchtet nach allen Seiten Grünschild a. a. O. S. 25 ff. Im größten Umfange entfalten hier die Treuhandgesellschaften ihre Tätigkeit (s. oben b). Über den Treuhandzwangsvergleich im Konkurs wie auch zur Abwendung des Konkurses s. RG. 89, 131 (JW. 1917 S. 164 Nr. 13) und Jaeger, JW. 1918 S. 287 ff.

[17]) „So kann ein Treuhänder zur Wahrnehmung der Interessen nicht rechtsfähiger Vereine (Kartelle) oder von erst in der Gründung befindlichen Handelsgesellschaften und Vereinen bis zur Erlangung der Rechtsfähigkeit, ferner bei Zuwendungen zu wohltätigen, religiösen, gemeinnützigen oder idealen Zwecken bestellt werden" (Grünschild a. a. O. S. 7). Über die Rolle der Treuhänderschaft in der Kartellorganisation s. Dalberg in LZ. 1915 S. 408 ff.

Treuhandgesellschaften. Sie ging in Deutschland mit dem Aufschwung des Kapitalismus in den letzten Jahrzehnten einher. Die erste „Deutsche Treuhandgesellschaft" wurde im Anschluß an die „Deutsch-Amerikanische Treuhandgesellschaft" von 1890 hauptsächlich durch die Deutsche Bank 1892 als Aktiengesellschaft gegründet. Ihre Entstehung, ihre Rechtsgrundlagen und Aufgaben und ihre Ausbreitung schildert eingehend Nachod in seiner Schrift „Treuhänder und Treuhandgesellschaften" (Tübingen 1908 S. 88—132). Ihre außerordentlichen geschäftlichen Erfolge, namentlich die Sanierung der „Preußischen Hypotheken-Aktienbank" und ihrer Schwester- und Tochterunternehmungen in den ersten Jahren des 20. Jahrhunderts, führten seit 1902 zur Gründung einer ganzen Reihe neuer Treuhandgesellschaften, vornehmlich wieder durch Großbanken.[18])

In der Tätigkeit der Treuhandgesellschaften unterscheidet Nachod[19]) drei Hauptaufgaben, für welche englische und amerikanische Vorbilder wirksam geworden sind:

Treuhandverwaltung,
Vertretung von Gläubigerinteressen durch Schutzvereinigungen,
Pfandhalterschaft und Sanierung,
Bücherrevision.

3. Hier kann weder zu den grundsätzlichen Fragen des Treuhänderproblems im allgemeinen noch zu den Anwendungsfällen Stellung genommen werden. Insbesondere kann nicht erörtert werden, inwieweit in den einzelnen Fällen „eine den gesetzten Zweck überschießende Rechtsmacht"[20]) eingeräumt wird.

Unsere Aufgabe ist nicht, die Treuhänder im ganzen Gebiete des geltenden Rechts begrifflich zu erfassen, sondern lediglich den Treuhänder für das feindliche Vermögen in seinem besonderen Rechtskreis zu schildern. Hier möge die Feststellung genügen, daß der Kriegstreuhänder in seinem Wesen, in seiner rechtlichen Eigenart wie der Testamentsvollstrecker Treuhänder im Sinne des alten deutschen Rechtes ist: auch seine Rechtsmacht steht ihm zu kraft eigenen Rechtes und im eigenen Namen, jedoch mit der Bestimmung des Nichtgebrauches im eigenen Interesse.[21]) Zugleich ist er gesetzlicher Vertreter des feindlichen Gläubigers. An diesem Charakter ändern auch nichts die

---

[18]) S. Nachod a. a. O. S. 132 ff.
[19]) A. a. O. S. 1, 98, 143.
[20]) S. Schultze a. a. O. S. 10 ff.
[21]) Vgl. Böckel a. a. O. S. 32.

Besonderheiten, die sich aus seiner öffentlich-rechtlichen Stellung ergeben.[22])

V. In dem wirtschaftlichen Vergeltungskampfe ist das deutsche Recht auch mit der Bestellung des Treuhänders dem Feinde auffallend spät und wiederum nur mit erheblichen Milderungen gefolgt. England hatte bereits durch das Ergänzungsgesetz vom 27. November 1914 das Amt eines Verwahrers feindlichen Vermögens geschaffen, je einen für England und Wales, für Schottland und für Irland mit den gleichen Aufgaben und Befugnissen. Diese gingen dahin: Der Verwahrer kann Gelder, die ihm auf Grund des Gesetzes gezahlt worden sind oder die er aus dem ihm übergebenen Vermögen eingenommen hat, als Bankdepositen oder in den vom Schatzamt genehmigten Wertpapieren (securities) anlegen; mit den Zinsen oder Dividenden, die er daraus vereinnahmt, hat er nach den Weisungen des Schatzamts zu verfahren. Jede Summe, die, falls der Kriegszustand nicht bestanden hätte, an einen Feind oder zu seinen Gunsten als Dividende, Zins- oder Gewinnanteil fällig gewesen und gezahlt worden wäre, hat der Schuldner an den Verwahrer zu zahlen. Die Vorschriften wurden später noch verschärft.[23])

Zum Verwalter des feindlichen Vermögens in England und Wales wurde der öffentliche Treuhänder (Public trustee) ernannt, dessen Befugnisse, abgesehen von den besonders für den Krieg ihm übertragenen Pflichten, durch die Public trustee Act von 1906 geregelt werden.

---

[22]) S. insbes. unten C III 5 S. 52, auch 1 S. 42.

[23]) Näheres siehe bei Dove, „Die zwischenstaatlichen Rechtsbeziehungen vor und nach dem Kriege" JW. 1916 S. 1237 f.

3. Kapitel.

C. Der Treuhänder der Bundesratsverordnung vom 19. April 1917.[1]

I. Der Treuhänder für das feindliche Vermögen ist eine Kriegsbehörde, eine Reichsbehörde. Sie wurde dem Reichskanzler (Reichsamt des Innern) unterstellt. Mit der Teilung des Reichsamts des Innern — im Dezember 1917 — kam sie zu dem Reichswirtschaftsamt.

II. Die Hauptaufgabe des Treuhänders ist die Feststellung und Verwaltung des gesamten, im Inland befindlichen feindlichen Vermögens. Zu diesem Zwecke sind ihm die gemäß der BRVO. vom 7. Oktober 1915 von den deutschen Schuldnern ausgefüllten Anmeldebogen von den Sammelstellen, den Handelskammern, überwiesen worden.

1. Der Treuhänder ist befugt, im Inland befindliche Vermögensgegenstände von Feinden[2]) in Verwaltung zu nehmen (§ 2 BRVO. vom 19. April 1917).

Er ist dazu befugt, aber nicht verpflichtet. Die Befugnis ist jedoch seine dienstliche Aufgabe; da er nicht für verpflichtet erklärt ist, steht es ihm frei, im einzelnen Falle von der Befugnis keinen Gebrauch zu machen. Es besteht also, im Sinne der Strafprozeßordnung gesprochen, für den Treuhänder kein Legalitätsprinzip. Da er aber berufen ist, das gesamte feindliche Vermögen statistisch zu

---

[1]) S. Anhang A X 1 S. 103.

[2]) Wegen der ihrer Staatsangehörigkeit nach § 27 Abs. 1 des Reichs- und Staatsangehörigkeitsgesetzes vom 22. Juli 1913 verlustig erklärten, sowie der landesflüchtigen Personen fehlt eine Vorschrift. Soweit ihr Vermögen nach der Bundesratsverordnung vom 23. März 1916 (RGBl. S. 185) anzumelden ist (s. o. A II 7 a Anm. 31), wird man auch den Treuhänder für befugt zur Inverwaltungnahme ansehen dürfen. Dies um so mehr, als das Vermögen der Ausgebürgerten, Landesflüchtigen nach der BRVO. vom 12. Juli 1917 (RGBl. S. 603) auch den Vorschriften über die staatliche Zwangsverwaltung und Liquidation unterworfen worden ist. Es ist kein Grund ersichtlich, weshalb die Treuhänderverordnung, bloß weil sie nicht ausdrücklich auf die genannten Personen erstreckt worden ist, im Gegensatz zu den andern Vergeltungsmaßnahmen keine Anwendung finden soll, zumal da sie mit jenen eine gewisse Einheit bildet.

erfassen und durch die Inverwaltungnahme dem deutschen Wirtschaftskampf nutzbar zu machen, so wird er von der Inverwaltungnahme nur ausnahmsweise, aus triftigen Gründen, absehen, etwa, wenn der inländische Schuldner darlegt, daß selbst der sich doch nur zwischen dem Treuhänder und dem Schuldner abspielende Vorgang ihm infolge besonderer Umstände einen außerordentlichen Schaden verursachen würde, z. B. die Kündigung eines ihm nur im Hinblick auf das Zahlungsverbot eingeräumten Kredits, weil der Kreditgeber den Schuldner nicht mehr für ausreichend sicher ansehen würde, wenn die Inverwaltungnahme den Treuhänder in die Lage setzt, gemäß § 6 der Treuhänderverordnung die feindliche Forderung einzuziehen.

2. Das dem Machtbereich des Treuhänders unterworfene feindliche Vermögen ist nach zwei Richtungen hin begrenzt.

a) Ausgenommen ist Vermögen, das schon einer staatlichen Aufsicht oder Verwaltung oder einer Liquidation gemäß den Verordnungen vom 4. September, 15. Oktober und 26. November 1914, vom 10. Februar und 31. Juli 1916 (s. oben A II 2, 4, 5, 8) unterliegt. Dieses Vermögen hat bereits die Landeszentralbehörde in den Wirtschaftskampf gezogen. Es erschien zweckmäßiger, solches Vermögen als eine Einheit mit starker Hand zu fassen, durch Zwangsverwaltung oder Liquidation, statt die einzelnen Vermögensbestandteile dem Treuhänder zuzuweisen. Dessen Befugnis erstreckt sich darum nur auf Gegenstände, die ihm aus solchem Vermögen von der Aufsichtsperson, dem Zwangsverwalter oder Liquidator überwiesen werden.[3]) Soweit das nicht erfolgt, hebt der Treuhänder die von ihm ausgesprochene Verwaltung wieder auf und löscht die Anmeldung des feindlichen Vermögens. Wird jedoch die bundesstaatliche Maßnahme, etwa die Zwangsverwaltung, wieder aufgehoben, so tritt die Anmeldung und damit die Befugnis des Treuhänders aus § 2 wieder in Kraft.

Die Überweisung ist Sache der Aufsichtspersonen, Verwalter und Liquidatoren. Die Landeszentralbehörden werden sie wohl allgemein dazu anhalten. Bei der Überwachung dürfen die Aufsichtspersonen überflüssige Gelder überweisen. Bei der Zwangsverwaltung und der Liquidation kommen Mittel in Betracht, die zur Fortführung nicht mehr erforderlich sind. Dem Treuhänder steht es frei, Gelder, die

[3]) Ist der Zwangsverwalter jedoch nur für eine von mehreren Unternehmungen des Feindländers bestellt, so kann er nur die Forderungen dieses Unternehmens einziehen. Die Forderungen der anderen Unternehmungen des Feindes fallen unter die Zuständigkeit des Treuhänders.

von den Verwaltern oder Aufsichtspersonen wieder benötigt und zurückverlangt werden, zurückzugeben. Soweit die Zwangsverwaltung oder Liquidation erledigt ist und nur noch überweisbare Gegenstände vorhanden sind, ist sie aufzuheben. Dem Treuhänder wird der Schlußbericht in zweifacher Ausfertigung übersandt, außerdem unverwertbare Vermögensgegenstände, die nach ihrer Art für die Treuhänderverwaltung in Frage kommen, wie Forderungen und Wechsel. Über die Verwahrung der Bücher, Akten und Unterlagen befindet die Landeszentralbehörde. Die Überweisung kann unter Umständen rein buchmäßig vorgenommen werden, so daß die überwiesenen Gelder bei den Stellen bleiben, wo sie angelegt sind (Heß, Die Kriegsgesetze zur Abhilfe wirtschaftlicher Schädigungen, 4. Aufl., zu § 2 BRVO. vom 19. April 1917).

b) Unternehmungen, Niederlassungen und Grundstücke darf der Treuhänder nur mit Zustimmung der Landeszentralbehörde in Verwaltung nehmen. Diese Vorschrift ist aus ähnlichen Erwägungen erwachsen wie die zu a. Die Landeszentralbehörde ist danach in der Lage, darüber zu entscheiden, ob sie selbst das Unternehmen einer Vergeltungsmaßnahme unterwerfen will. Auf Grund ihrer besseren Kenntnis der einschlägigen Verhältnisse vermag sie eher zu beurteilen, ob die zu a erwähnte wirtschaftliche Maßnahme dem Zwecke des Vergeltungskampfes, dem deutschen Interesse, besser dient. Soweit sie das feindliche Vermögen bereits erfaßt hat oder noch erfaßt, wird der Treuhänder die bei ihm erfolgte Anmeldung löschen.

Das wird er übrigens auch tun, wenn sich herausstellt, daß die angemeldete Forderung in Wahrheit nicht bestanden hat oder nicht mehr besteht, oder wenn die Forderung unbeibringlich ist, etwa weil der Schuldner inzwischen verstorben ist, die Erben wegen Überschuldung die Erbschaft ausgeschlagen haben und Konkurs über den Nachlaß aus Mangel an Masse nicht eröffnet oder wieder aufgehoben ist; ferner, wenn sich herausstellt, daß der angebliche Gläubiger, z. B. der Inhaber der im Ausland ansässigen Firma, die deutsche Reichsangehörigkeit besitzt, ebenso, wenn der deutsche Schuldner in voller Höhe nachweisbar zu Recht aufrechnet.

3. Die Zuständigkeit des Treuhänders erstreckt sich, von der Einschränkung zu 2 abgesehen, auf alle im Inlande befindlichen Vermögensgegenstände von Feinden.

a) Sie erfaßt also sowohl die Vermögen im ganzen, die Vermögensmassen, wie auch einzelne Vermögensteile, z. B. einzelne Waren-, Wechsel-, Darlehns-, Erbgelder-Forderungen, Eigentums-, Hypotheken-, Erbrechte u. a. m.[4]) So schafft der Treuhänder zugleich die Antwort auf Fragen der Wirtschaftsstatistik von großer Bedeutung: wie hoch sich das feindliche Vermögen im Inlande beläuft, woher es kommt, aus welchen Bestandteilen es sich zusammensetzt (etwa Forderungen und dingliche Rechte) und wie es sich auf die einzelnen feindlichen Nationen verteilt. Falls überhaupt, wird dies die Öffentlichkeit freilich erst nach Eintritt des Friedens mit allen Mächten erfahren.

Wie beträchtlich das feindliche Vermögen ist, erfährt man sonst nur gelegentlich für einzelne kleine Gebiete. So berichtet ein Aufsatz von Dr. Max Andler „Die Wahrheit über die Landgesellschaft Westmark" (Deutsche Zeitung vom 4. August 1918 Nr. 393) über den erschreckend hohen Anteil des französischen Grundbesitzes in einem Grenzgebiet Lothringens: „Längs der Grenze zwischen Frankreich und Lothringen zieht sich ein Streifen von Land, Wiese und Feld hin, der fast zusammenhängend in den Händen von französischen Staatsangehörigen liegt. Im Kreis Saarburg beträgt das französische Grundeigentum rund 12000 ha, im Kreis Chateau-Salins etwa 17000 ha, im Kreis Metz-Land etwa 24000 ha. Jedoch geht die Machtstellung der Franzosen weit über diesen Anteil am Boden hinaus, weil sie in geschlossener Reihe den maßgebenden Großgrundbesitzerstand dieser Gegend bilden. Insgesamt befinden sich vom Großgrundeigentum (über 100 ha) 75,4 v. H. in französischen Händen. Die Eigentümer dieser Grenzgegend, die mehr als 500 ha besitzen, sind sämtlich französische Staatsangehörige. Nun wirtschaften zwar diese französischen Eigentümer nicht selber; dennoch bestimmen sie den Charakter der Wirtschaft vollständig, und zwar durch das französische System abhängiger Pächter (Fermier-System). Während in Deutschland durchschnittlich 80 v. H. des Bodens im Eigentum des Bebauers stehen, sinkt diese Zahl im lothringischen Grenzgebiet auf 48 v. H." Hier bekommt man für ein kleines Grenzgebiet einen Einblick in den feindlichen Grundbesitz und eine Ahnung von den feindlichen Vermögensrechten aus Pacht.

b) Die Treuhänderverordnung macht ebenso wie die BRVO. über die Anmeldung und Sperre feindlichen Vermögens vom 7. Oktober 1915 (s. oben A II 7) keinen Unterschied nach der Staatsangehörigkeit des Schuldners. Auch die im Inland befindlichen Angehörigen der

[4]) Auch eine Wechselforderung an einen Deutschen, die eingestandenermaßen einem Feindländer gehört, obgleich der Wechsel ohne jede Einschränkung auf einen deutschen Gläubiger giriert ist.

verbündeten oder der neutralen Staaten unterstehen mit dem in ihren Händen befindlichen Feindesvermögen dem Machtbereich des Treuhänders, insbesondere also auch die Forderungen von Feindländern gegen Firmen im Inlande, deren Inhaber Angehörige eines neutralen Staates sind.[5]) Doch übt der Treuhänder im weitesten Maße Entgegenkommen, indem er von der Inverwaltungnahme solcher Forderungen auf Antrag absieht und es bei der Anmeldung bewenden läßt.

4. Die Entscheidung des Treuhänders, daß die Voraussetzungen für die Übernahme der Verwaltung durch ihn vorliegen, kann nur im Aufsichtswege angefochten werden (§ 2 Abs. 1 S. 2), also durch Beschwerde an den Staatssekretär des Reichswirtschaftsamtes bzw. den Reichskanzler. Die Frage, ob der Treuhänder eine feindliche Forderung an sich zu ziehen befugt war, ist damit der Nachprüfung der Gerichte entzogen.[6])

5. Zur Feststellung des gesamten feindlichen Vermögens bedurfte der Treuhänder eines Machtmittels, das über die Befugnisse des Zwangsverwalters nach Art. 2 der BRVO. vom 24. Juni 1915 (RGBl. S. 351) hinausging. Nach dieser Bestimmung waren nur Leiter und Angestellte des zwangsverwalteten Unternehmens, auch solche, die nach dem 30. Juli 1914 ausgeschieden sind, unter Strafandrohung verpflichtet, dem Verwalter auf Verlangen Auskunft über die Geschäftsangelegenheiten zu geben. Für den Treuhänder aber kommen bei der außerordentlichen Menge vereinzelter feindlicher Vermögensgegenstände häufig Leiter oder Angestellte eines Unternehmens als Auskunftsperson gar nicht in Betracht, etwa bei Feststellung von Darlehnsforderungen oder Erbansprüchen. Demgemäß stellt § 4 Abs. 2 eine allgemeine Auskunftspflicht auf: „Auf Verlangen des Treuhänders ist jedermann verpflichtet, über das Vermögen von Feinden Auskunft zu geben."

Danach sind also nicht nur die deutschen Schuldner verpflichtet, Auskunft über das Vermögen zu geben, sondern jedermann. Der Treuhänder kann jeden Dritten, nicht bloß die Angestellten und Angehörigen der Schuldner, zur Auskunftserteilung anhalten. Wenn der Schuldner den ihm übersandten Vordruck mit den Fragen nach dem Schuldgrund, der Art des Geschäftsverkehrs, den vereinbarten Zahlungsbedingungen und der Art der Erfüllung vor dem Kriege

[5]) Infolgedessen wird weiterhin nur von dem deutschen Schuldner gesprochen, obwohl die Grundsätze sich auch auf die Angehörigen verbündeter oder neutraler Staaten erstrecken.

[6]) Landgericht Stuttgart 4. Z.-K. Beschl. vom 1. Febr. 1918 (T 3/1918).

sowie den Kontoauszug vom Tage des letzten Ausgleichs an ausfüllt, so gibt er damit nicht ein Schuldanerkenntnis im Sinne des § 781 BGB. ab, sondern erfüllt lediglich, wie irgendein an dem Schuldverhältnis nicht beteiligter Dritter, seine Auskunftspflicht.

Verstärkt ist dieses Machtmittel durch die Vorschrift des § 8: „Wer die von dem Treuhänder auf Grund des § 4 Abs. 2 erforderte Auskunft nicht erteilt oder wissentlich unwahre Angaben macht, wird mit Geldstrafe bis zu eintausendfünfhundert Mark oder mit Gefängnis bis zu drei Monaten bestraft. Die Verfolgung tritt nur auf Antrag des Treuhänders ein.“

III. Die Rechtsstellung des Treuhänders ist der des staatlichen Zwangsverwalters nachgebildet. Sie beruht in erster Linie auf der zu II 1 angeführten Befugnis aus § 2 und auf dem § 4. Nach § 4 finden auf die Verwaltung des Treuhänders aus der Verordnung vom 26. November 1914 über die zwangsweise Verwaltung (s. oben A II 5) die Vorschriften des § 2 (s. unten 2), des § 5 Abs. 1 (s. unten VII) und des § 6 (s. unten 6) sowie aus der ergänzenden Verordnung vom 24. Juni 1915 (RGBl. S. 351) die Vorschriften des Art. 1 (s. unten VI 1) entsprechende Anwendung. Das Verhältnis des § 4 zu § 2 ist also: § 2 spricht dem Treuhänder die Befugnis zu, einen Vermögensgegenstand in Verwaltung zu nehmen. Hat er das getan (durch einfache Erklärung, s. unten 1), so treten die Vorschriften des § 4 in Wirksamkeit, insbesondere also auch die Verpflichtung des Treuhänders aus § 2 der BRVO. vom 26. November 1914. Die Verpflichtung, sich in den Besitz des Unternehmens usw. zu setzen, erfüllt der Treuhänder auch schon, wenn er sich den mittelbaren Besitz nach § 868 BGB. verschafft.

1. Die Inverwaltungnahme erfolgt dadurch, daß der Treuhänder sie gegenüber dem deutschen Schuldner ausspricht.[7]) Er erklärt ihm, daß er die Forderung des feindlichen Gläubigers in Verwaltung nimmt. Damit wird die Verfügungsmacht des deutschen Schuldners gesetzlich beschränkt. Die Inverwaltungnahme bedeutet aber nicht eine Beschlagnahme des feindlichen Vermögens zugunsten des Reiches.

Der deutsche Schuldner kann sich durch Zahlung an den Treuhänder befreien. Er ist jedoch dazu nicht verpflichtet, solange der Treuhänder nicht das ihm durch § 6 der Verordnung vom 19. April 1917 verliehene Recht ausübt, die Erfüllung der von ihm in Verwaltung genommenen Ansprüche zu fordern (s. unten 3). Macht weder

---

[7]) Formular s. Anhang A X 3 S. 111.

der deutsche Schuldner von dem Rechte zur Abführung an den Treuhänder, noch dieser von dem Recht der Leistungsforderung Gebrauch, so verbleibt das feindliche Vermögen trotz der Verwaltung des Treuhänders bei dem deutschen Schuldner.

Bei Bezahlung von Schulden in fremder Währung kann allerdings nur eine vorläufige Festsetzung des Umrechnungskurses erfolgen. Bei einer anderen Festsetzung im Friedensvertrage kann darum eine Nachzahlung in Frage kommen. — Kassenskonto abzuziehen ist der Schuldner in keinem Fall berechtigt, da dies eine Vergütung für pünktliche oder vorzeitige Zahlung bedeutet; es kommt nur auf die tatsächliche Zahlung ohne Rücksicht auf die Möglichkeit derselben an. Dagegen ist der Abzug des Warenskontos, der einen Rabatt für ständigen Bezug oder besonders große Lieferungen darstellt, zulässig. — Reichsanleihe nimmt der Treuhänder zum Ausgabekurs in Zahlung. — Zahlt der Schuldner eine hypothekarisch gesicherte Schuld an den Treuhänder, so kann er als Grundstückseigentümer Löschung der Hypothek verlangen. Der Treuhänder ist verpflichtet, löschungsfähige Quittung zu erteilen, außer wenn bei einer Briefhypothek der Hypothekenbrief nicht beizubringen ist. Hier kann dem deutschen Schuldner nur durch Einleitung einer Liquidation geholfen werden. Das sollte geschehen; denn es dürfte im nationalen Interesse liegen, den deutschen Grundbesitz von feindlichen Belastungen zu befreien.

Eine Leistung an den Treuhänder hat die Wirkung einer Tilgung der Schuld in dieser Höhe. Die Leistung kann darum nicht zurückgefordert werden. Leistet der Schuldner an den Treuhänder, so kann er den Gläubiger, wenn dieser ihn später direkt in Anspruch nehmen sollte, insoweit an den Treuhänder verweisen.

Der Treuhänder ist zugleich gesetzlicher Vertreter des feindlichen Gläubigers (s. unten 5). Er kann für ihn Erklärungen abgeben, z. B. einem Zwangsvergleich oder einem außergerichtlichen Vergleich zustimmen. So geht auf ihn auch über das Recht zur Geltendmachung der Forderungen im Konkurs des Schuldners, durch Anmeldung und Ausübung des Beschwerderechts (Landgericht Stuttgart, 4. Zivilkammer, Beschluß vom 1. Februar 1918 T 3/18), bei Widerspruch zur Feststellung durch Klage (§ 146 KO.), bei Aktien, die er in Verwaltung genommen hat, das Recht zur Vertretung der feindlichen Aktionäre in den Generalversammlungen der deutschen Aktiengesellschaften, unter Ausschluß der von den Feinden etwa Deutschen erteilten privatrechtlichen Vertretungsmacht.

Den Rechten des deutschen Schuldners geschieht durch die Inverwaltungnahme kein Abbruch. Alle Rechte gegenüber der feindlichen Forderung bleiben ihm auch gegenüber dem Treuhänder gewahrt, so vor allem ein ihm etwa zustehendes Zurückbehaltungsrecht oder die Befugnis zur Aufrechnung.[8]) Diese Rechte können durch eine ausdrückliche Erklärung gegenüber dem Treuhänder unter Darlegung des Sachverhalts geltend gemacht werden. Es ist auch nicht beabsichtigt, aus den vom Treuhänder in Verwaltung genommenen und an ihn abgeführten Vermögenswerten die Gläubiger zu befriedigen, ohne sich mit dem Schuldner ins Benehmen zu setzen und ohne ihm Gelegenheit zu geben, seine Gegenrechte geltend zu machen. So wird ihm auch die Möglichkeit, alte Handelsbeziehungen wieder anzuknüpfen, erhalten. Ebenso bleiben die Rechte Dritter an dem feindlichen Vermögen unberührt, namentlich ein einem Deutschen daran eingeräumter Nießbrauch.

Wenn der feindliche Gläubiger im Inland seinen Aufenthalt hat, kann er nach § 9 Ziff. 1 BRVO. vom 7. Oktober 1915 über sein Vermögen verfügen. Darum nimmt der Treuhänder vorläufig von der Inverwaltungnahme der mit Anmeldebogen A angemeldeten Forderungen Abstand und begnügt sich mit einer Kontrolle über das feindliche Vermögen.

2. § 2 der BRVO. vom 26. November 1914, der auf die Verwaltung des Treuhänders entsprechende Anwendung finden soll, lautet bei Ersetzung des Wortes „Verwalter" durch „Treuhänder": „Der Treuhänder hat sich in den Besitz des Unternehmens zu setzen. Er ist zu allen Rechtshandlungen für das Unternehmen befugt. Er kann das Unternehmen ganz oder teilweise fortführen oder sich auf die Beendigung der laufenden Geschäfte beschränken. Nach Abwickelung der Geschäfte kann der Treuhänder, wenn es sich um eine Gesellschaft

---

[8]) Der Aufrechnung stand das Zahlungsverbot vom 30. September 1914 nicht entgegen. Sie konnte vor der Bestellung des Treuhänders auch durch öffentliche Zustellung einer Klageschrift dem Feindländer gegenüber ausgesprochen werden. Soweit jedoch in der Klage eine Aufrechnung ausgesprochen ist (z. B. der Deutsche klagt gegen den Feindländer auf Schadenersatz und bringt dabei eine von ihm anerkannte Forderung des Feindes aus Warenlieferung zur Aufrechnung), ist das Versäumnisurteil, das nach Klagantrag ergeht, für den Treuhänder in Ansehung der Forderung des Feindes (z. B. der Warenforderung) nicht bindend. Eine Rechtskraft der Entscheidung über die Forderung des Feindes liegt nach § 322 Abs. 2 ZPO. nicht vor, da hier nicht der Beklagte, sondern der Kläger aufgerechnet hat (Erlaß des Staatssekretärs des Reichsjustizamtes I B V 2966 Nr. 4963 vom 31. Mai 1918).

handelt, die im Inland ihren Sitz hat, auf Antrag eines deutschen Gesellschafters die Gesellschaft unter Zustimmung der Landeszentralbehörde auflösen. Während der Dauer der Verwaltung ruhen die Befugnisse anderer Personen zu Rechtshandlungen für das Unternehmen. Das gleiche gilt von den Befugnissen aller Organe. Ist das Unternehmen in das Handelsregister eingetragen, so ist die Bestellung des Treuhänders sowie die Aufhebung der Verwaltung von Amts wegen gebührenfrei einzutragen."

Dazu ist zunächst zu betonen, daß § 2 a. a. O. nur entsprechende Anwendung finden soll. In erster Linie sind maßgebend die Aufgaben, die dem Treuhänder mit Gesetzeskraft durch die Treuhänderverordnung zugewiesen sind. Diese Aufgaben sind aber in wesentlichen Punkten andere als die des Zwangsverwalters.

Im übrigen ist dann darauf hinzuweisen, daß § 2 a. a. O. nicht auf Unternehmen im Sinne der BRVO. vom 26. November 1914, also einschließlich der Niederlassungen und Grundstücke, zu beschränken ist. Er umfaßt vielmehr auch die Vermögenswerte, die zu einem nicht als Ganzes in Verwaltung genommenen Unternehmen gehören, und die Nachlaßmassen, die durch Art. 1 der BRVO. vom 10. Februar 1916 (RGBl. S. 89) den Unternehmen gleichgestellt sind, wenn sie auch nicht Unternehmen im Sinne der BRVO. vom 26. November 1914 selbst sind. Dafür spricht nicht bloß die ratio legis, sondern auch die Anführung in § 2 Abs. 2.

Der Begriff der Unternehmung ist dabei, wie schon in der Überwachungsverordnung vom 4. September 1914 (s. oben A II 2), im weitesten Sinne zu nehmen. Es fallen darunter nicht bloß die Zweigniederlassungen von Unternehmungen und Grundstücken, sondern alle geschäftlichen Betriebe, ohne Rücksicht darauf, ob sie kaufmännischer Natur sind, ob sie gewerbsmäßig oder gemeinnützig geleitet sind, ob ihr Inhaber eine natürliche oder juristische Person ist und ohne Rücksicht auf die gesetzliche Form, z. B. auch eine Unternehmung, die nur in der Verwaltung eines Grundstücks besteht, selbst wenn dieses nicht einem Feindländer gehört (s. Heß, Kriegsgesetze, zu § 1 BRVO. vom 4. September 1914 S. 321).

3. Der staatliche Zwangsverwalter war nach der BRVO. vom 26. März 1915 (RGBl. S. 185) in der Lage, gegenüber der Stundung der Forderungen feindlicher Gläubiger durch § 2 des Zahlungsverbotes vom 30. September 1914 (s. oben A II 3) bei Grundstücken die Erfüllung von Ansprüchen, namentlich auf Miete und Pacht,

später nach der BRVO. vom 24. August 1916 (RGBl. S. 961) ganz allgemein, die Erfüllung vermögensrechtlicher Ansprüche von den deutschen Schuldnern zu fordern. Die gleiche Berechtigung war dem Liquidator in § 4 der BRVO. vom 31. Juli 1916 (RGBl. S. 871) eingeräumt worden. Ebenso kann nun auch der Treuhänder entgegen dem § 2 des Zahlungsverbotes vom 30. September 1914 kraft der besonderen Vorschrift des § 6 der BRVO. vom 19. April 1917 die Erfüllung der von ihm in Verwaltung genommenen Ansprüche fordern. § 6 steht also nicht in Widerspruch mit der Verpflichtung des Treuhänders aus § 4 der Treuhänderverordnung in Verbindung mit § 2 BRVO. vom 26. November 1914. Zunächst ist darauf hinzuweisen, daß § 2 auf die Unternehmen und die ihnen gleichgestellten Vermögenswerte beschränkt ist (s. oben 2). Er sagt nichts von den nicht darunter fallenden einzelnen Vermögensrechten, zu denen die Mehrzahl der Waren- und Wechselforderungen gehören dürften. Aber auch, soweit ein Anspruch unter § 2 BRVO. vom 26. November 1914 fällt, bedeutet die Verpflichtung des Treuhänders, sich in den Besitz des Vermögensgegenstandes zu setzen, noch nicht die Verpflichtung oder Berechtigung zur Einziehung des Anspruchs; denn die Einziehung setzt Fälligkeit des Anspruchs voraus. Die Fälligkeit aber ist durch die Stundungsvorschrift des § 2 des Zahlungsverbots vom 30. September 1914 hinausgeschoben. Gegenüber dieser Vorschrift bedurfte es darum einer ausdrücklichen Beseitigung der Stundung gegenüber dem Treuhänder. Dies spricht § 6 aus.

Die Stundung endet mit dem Ablauf eines Monats nach der Aufforderung zur Leistung. Endet sie danach bei einem Wechsel, bei dem die Stundung die Protesterhebung bis nach dem Außerkrafttreten der BRVO. vom 30. September 1914 (nach § 4) hinausgeschoben hatte, so bleiben gleichwohl die Protesterhebung und der Rückgriff aus dem Wechsel bis auf weiteres ausgeschlossen. Entsprechendes gilt für Schecks (§ 6 Abs. 2).

Die Stundung ist also nicht allgemein aufgehoben. Nur der Treuhänder kann Erfüllung fordern. Er braucht es aber nicht. Die Forderung steht in seinem pflichtmäßigen Ermessen.

a) Geldforderungen zieht er im allgemeinen nicht ein; ebensowenig Sparkassenguthaben feindlicher Gläubiger. In beiden Fällen nimmt er nur die Forderung in Verwaltung und zieht die Zinsen ein (s. unten 4). Von den Sparkassen fordert er daneben halbjährliche Rechnungslegung. Guthaben bei Kommunalsparkassen sind nicht anmeldepflichtig und unterliegen nach § 2 Abs. 2 der Treuhänderverordnung nicht der Zuständigkeit des Treuhänders (Art. 9 Bek. vom 10. Oktober 1915, Erlaß des Ministers des Innern vom 3. Dezember 1915 IV b 2637).

b) Gegenstände, die ein Inländer einem Feindländer schuldet, z. B. aus Verwahrung, kann der Treuhänder nach § 6 an sich ziehen oder sie bei einem Dritten in Verwahrung geben. Er darf sich aber auch mit der Einräumung mittelbaren Besitzes begnügen, indem er die Sachen dem bisherigen Verwahrer beläßt. Damit beschränkt er sich auf die Erfüllung seiner Verpflichtung aus § 4 BRVO. vom 19. April 1917 in Verbindung mit § 2 BRVO. vom 26. November 1914 (s. oben 2). Insbesondere:

α) Wertpapiere kann er sich direkt oder auf sein Konto bei der Königl. Preußischen Staatsbank (Seehandlung) überweisen lassen. Anlaß wird dazu sein, wenn gegen ihre Belassung in den Händen des Schuldners Bedenken bestehen, etwa wegen der Sicherheit des Anspruches des Feindländers.

β) Rohstoffe und anderen dringenden Bedarf unserer durch den Krieg beschränkten und bedrängten Wirtschaft wird er verwerten lassen; ebenso Gegenstände, die dem Verderben ausgesetzt sind oder deren Wert durch die zurzeit hohen Kosten der Lagerung aufgezehrt werden würde.

γ) Einrichtungsgegenstände, namentlich Möbel, wird er grundsätzlich dem deutschen Schuldner auch weiterhin anvertrauen, außer wenn ihre Verwertung im besonderen Fall wiederum im deutschen Interesse liegt. Denn in einer Zeit, die dem deutschen Volk weitgehende Opfer an Hab und Gut auferlegt, wäre es als eine schwächliche Rücksichtnahme auf die Stimmung unserer Feinde nicht zu verantworten, wenn im deutschen Reiche dem Feinde Gut erhalten bliebe, dessen Hergabe von den deutschen Staatsangehörigen als vaterländisches Opfer gefordert wird. So werden Gold- und Silbersachen und Juwelen den Goldankaufsstellen zur Abführung an die Reichsbank zuzuweisen sein, außer, wenn es sich um Familienschmuck von geringem Werte des Edelmetalls handelt. Bei dem herrschenden Mangel an Geweben werden Kleider und Wäsche der Feindländer ebenfalls der öffentlichen Bewirtschaftung zuzuführen sein. Im allgemeinen wird der Treuhänder bei nicht vertretbaren Sachen, namentlich Familienschmuck, Bildern, Schriftwerken, Pferden usw., mehr als Verwahrer und Erhalter denn als Verwerter auftreten. Er schließt insbesondere alles von der Veräußerung aus, was einen besonderen kunstgeschichtlichen, wissenschaftlichen, Pietäts- oder Kunstwert hat. Bilder und Kunstgegenstände, die sich bei deutschen Kunsthändlern zu Ausstellungszwecken befinden, werden nicht veräußert; sind sie den Kunsthändlern zum kommissionsweisen Verkauf überlassen, so erfolgt die Veräußerung nicht unter dem vom Eigentümer festgelegten Preis und nicht ohne Zustimmung des Treuhänders.

4. Bedeutsamer als die Durchbrechung der Stundungsvorschrift zugunsten des Treuhänders war die Aufhebung der Zinslosigkeit der Stundung. Hier trat auch nicht eine Befugnis des Treuhänders an die Stelle der bisherigen Vorschrift, sondern es wurde mit Gesetzeskraft grundsätzlich eine allgemeine Verpflichtung zur Zinszahlung ausgesprochen.

a) Nach § 7 der Verordnung vom 19. April 1917 sind

α) auf Geldforderungen, die fällig sein würden, falls die im § 2 der Verordnung vom 30. September 1914 vorgesehene Stundung nicht bestände, für die Zeit vom 1. April 1917 an Zinsen in Höhe des für Verzugszinsen geltenden Satzes an den Treuhänder zu entrichten, nicht jedoch Zinseszinsen (Abs. 1). Die Zahlung von Zinsen hat an den Treuhänder zu erfolgen, ohne Rücksicht auf Pfändungen oder Verpfändungen des gestundeten Anspruchs (Abs. 4 S. 2).

β) Bei Geldforderungen, die noch nicht fällig, aber nach Gesetz oder Vertrag schon vor der Fälligkeit zu verzinsen sind, z. B. Darlehn (Hypotheken), hat der Schuldner gleichfalls die für die Zeit vom 1. April 1917 ab laufenden Zinsen an den Treuhänder zu entrichten.

In beiden Fällen tritt die Zinspflicht auch ein, wenn der Treuhänder den Anspruch noch nicht in Verwaltung genommen hat und ohne daß es einer Aufforderung des Treuhänders bedarf (§ 7 Abs. 4 S. 1). Die Denkschrift zu der Treuhänderverordnung vom 19. April 1917 rechtfertigte die Beseitigung der Zinslosigkeit wie folgt:

„Die im § 2 der Verordnung über das Zahlungsverbot vom 30. September 1914 ausgesprochene Zinslosigkeit der Stundung ist eine Maßnahme, welche auf eine kurze Dauer des Krieges zugeschnitten war, sich unter den jetzigen Verhältnissen und insbesondere mit Rücksicht auf eine etwa mögliche Regelung der Frage bei den Friedensverhandlungen aber nicht aufrecht erhalten läßt. Sei es, daß alsdann später gegenseitig eine mäßige Verzinsung der Forderungen festgesetzt werden sollte oder von einer solchen Vereinbarung abgesehen werden sollte, in jedem Falle gebietet die Vorsicht, das Gesamtkapital an feindlichen Werten nicht größtenteils zinslos zu belassen, sondern mit den Zinsen und Gewinnen, die aus ihm erzielt werden und erzielt werden können, einen besonderen Ausgleichsfonds zu bilden, der

— sofern nicht eine gegenseitige Verzinsung der herauszugebenden Privatvermögen im Friedensvertrage festgesetzt werden sollte — der Regierung zur Verfügung steht."

Die deutsche Geschäftswelt vermag sich jedoch dieser Begründung nicht anzuschließen. Sie hebt wohl mit Recht hervor, daß ihre Guthaben im feindlichen Auslande auch nicht verzinst werden.

b) Mit den Zinsen wird der deutsche Schuldner bei der Inverwaltungnahme belastet. Soweit er die Zinsen zahlt, wird er dann erkannt.

Bei den unter β erwähnten Forderungen, insbesondere bei Hypotheken, wird der Schuldner auch für die bis zum 31. März 1917 fällig gewordenen Zinsen belastet. Eine Abführung dieser Zinsen kann jedoch nicht gefordert werden. Derartige Zinsforderungen, wie Darlehns- (Hypotheken-) Zinsen, werden auch für die Zeit vom 1. August 1914 an in Verwaltung genommen. Denn sie sind Zinsen einer nicht fälligen Forderung. Gestundet sind aber nach § 2 BRVO. vom 30. September 1914 nur fällige Forderungen. Bei einer nicht fälligen Forderung ist für eine Stundung zunächst kein Platz.

Die Zinslosigkeit wiederum ist nach § 2 BRVO. vom 30. September 1914 nur für gestundete Forderungen ausgesprochen, also nicht für noch nicht fällige und darum auch nicht gesetzlich gestundete Forderungen. Bei den Darlehnsforderungen ist dagegen der Nebenanspruch auf Zinsen fällig und darum gestundet. Die Zinslosigkeit dieser Stundung bedeutet somit nicht Zinslosigkeit der nicht fälligen Hauptforderung, sondern lediglich Zinslosigkeit des Nebenanspruches, d. h. erneutes Verbot von Zinseszinsen.

Wenn der Treuhänder die Zahlung derartiger Zinsen fordert, so geschieht es also nicht auf Grund des § 7, sondern des § 6. Der Zinsanspruch wird wie ein selbständiger Rentenanspruch behandelt, Erfüllung jedoch im Gegensatz zu der regelmäßigen Stundung von Geldforderungen gefordert, eben wegen der Verwandtschaft des Rentenanspruchs mit dem gewöhnlichen Zinsanspruch. Darum werden auch Zinsen, die der deutsche Schuldner auf eine nicht fällige Hypothek zahlt, dem feindlichen Gläubiger gutgebracht, nicht dem Treuhänder-Zinsenkonto.

c) Die Zinspflicht ist eine gesetzliche. Wenn die BRVO. auch kein Gesetz ist, so hat sie doch Gesetzeskraft. Sie ist ja erlassen auf Grund des Ermächtigungsgesetzes vom 4. August 1914 (s. oben A II). Die Zinspflicht ist an ein Verschulden nicht gebunden. Sie setzt insbesondere nicht Verzug des Schuldners voraus. Dieser hätte sich ja gemäß § 3 der BRVO. vom 30. September 1914 von der Schuld durch Hinterlegung bei der Reichsbank befreien und dadurch jede Zinszahlungspflicht, die etwa später entgegen dem Stundungsgebot ausgesprochen werden würde, vermeiden können.

d) Nur die Höhe der Zinsen ist bemessen nach den gesetzlichen Verzugszinsen.

„Der Reichskanzler bestimmt, an welchen Terminen die Zinsen zu entrichten sind. Er kann auch über die Höhe der zu entrichtenden Zinsen besondere Bestimmungen treffen und Ausnahmen zulassen" (§ 7 Abs. 3).

Diese Befugnis hat der Staatssekretär des Innern durch einen m. W. nicht veröffentlichten Erlaß vom 26. Juli 1917 (III. A. B. 3852) auf den Treuhänder übertragen.

α) Der Treuhänder fordert die Zinsen regelmäßig halbjährlich. Verweigert der Schuldner die Zinszahlung, so kann der Treuhänder die Zinsen nicht im Verwaltungswege, sondern nur im Klagewege vor den ordentlichen Gerichten beitreiben.

β) Der Zinsfuß beträgt bei Schulden des bürgerlichen Rechtes 4% nach § 288 BGB., bei Schulden aus beiderseitigen Handelsgeschäften 5% nach § 352 HGB.

Ein anderer Zinssatz kommt nur in Frage, wenn er mit dem feindlichen Gläubiger vom Schuldner früher vereinbart war. Ein geringerer Zinssatz kann nicht deshalb bewilligt werden, weil der Schuldner bei seiner Bank auf laufendem Konto Mittel zur Befriedigung seiner Gläubiger bereit hält und darauf weniger Zinsen erhält, als der Treuhänder nach § 7 fordern muß. Nur wenn der Schuldner einen bestimmten Betrag für einen bestimmten Gläubiger hinterlegt und so den Willen, sich von der Schuld zu befreien, zum Ausdruck gebracht hat, nimmt der Treuhänder den von der Bank gewährten Zinssatz an unter der Bedingung, daß das Kapital zum nächstmöglichen Termin gekündigt und dann an ihn abgeführt wird; andernfalls ist von dem Termin ab der gesetzlich festgelegte Zinssatz zu zahlen.

Ausnahmen gewährt der Treuhänder, indem er aus Billigkeitsgründen von der Zinspflicht einstweilen befreit, insbesondere

wenn der deutsche Schuldner selbst so hohe Außenstände im feindlichen Auslande hat, daß seine Forderungen an das gesamte feindliche Ausland die Gesamtheit seiner Schulden dahin annähernd erreichen oder gar übersteigen oder

wenn er durch die Zinszahlung selbst wirtschaftlich in Bedrängnis geraten würde oder wenn begründeter Anlaß zur Annahme vorliegt, daß der feindliche Gläubiger sich bereits anderweit Befriedigung verschafft hat, z. B. aus einer liquidierten Zweigniederlassung des deutschen Schuldners im feindlichen Ausland oder aus Möbeln, die der Deutsche in seiner Wohnung in Frankreich zurückgelassen hat, oder

wenn der deutsche Schuldner mit triftigen Gründen die behauptete Forderung des Feindländers bestreitet oder

wenn die Forderung bedingt ist, etwa weil die Ware im Ausland lagert, oder bei Rentenforderungen, weil der erforderliche Lebensnachweis des Gläubigers oder der Versicherungsschein nicht beigebracht ist.

Eine Nachprüfung der Angaben des deutschen Schuldners nimmt der Treuhänder nicht vor. Er fordert nicht einen Nachweis wie im Prozeßwege; er begnügt sich mit Glaubhaftmachung. Er unterstellt die Wahrheit der Angaben der deutschen Staatsangehörigen, auch des Schuldners selbst, sobald nicht aus dem ihm sonst mitgeteilten Material sich Bedenken gegen die Richtigkeit ergeben. Wissentlich unwahre Angaben sind ja mit Strafe bedroht (§ 8); daneben würde sich im Einzelfalle die Frage erheben, ob nicht der Tatbestand des Betruges nach § 263 StGB. gegeben ist. Der Treuhänder untersucht darum auch nicht, inwieweit eine bestrittene Forderung etwa besteht, oder inwieweit eine behauptete Gegenforderung oder ein Zurückbehaltungsrecht begründet ist. Das ist Aufgabe der Gerichte, nicht des Treuhänders.

Die Befreiung wird, da sie nicht auf Grund einer gesetzlichen Vorschrift erfolgt, sondern lediglich aus Billigkeitserwägungen, nur vorläufig ausgesprochen. Es bleibt dem Treuhänder so die Möglichkeit, bei einer etwaigen Veränderung, sei es der Grundlagen für die Zinsbefreiung im Einzelfalle, sei es der wirtschaftlichen Kampflage im allgemeinen, auch in solchen Fällen das Kompensationsobjekt durch Einziehung der Zinsen zu vergrößern. Da er nicht auf Grund einer gesetzlichen Vorschrift, sondern lediglich nach seinem Ermessen aus Billigkeitsgründen von der Zinszahlung befreit, so braucht er auch bereits gezahlte Zinsen nicht zurückzuerstatten, wenn ein Schuldner ihm nachträglich Unterlagen unterbreitet, auf Grund deren die vorläufige Befreiung aus Billigkeitsrücksichten ausgesprochen wird.

e) Ausgenommen von der Zinspflicht sind Forderungen aus Wechseln oder Schecks (§ 7 Abs. 5). Diese Vorschrift erspart die im Einzelfalle vielleicht mitunter schwierige Feststellung, ob die Forderung unter § 7 Abs. 1 oder Abs. 2 fallen würde; insbesondere also die Untersuchung, ob die Forderung fällig und zinspflichtig ist.[9]) Zu der Zinsfreiheit wird die Erwägung geführt haben, daß bei den in Frage kommenden Wechseln und Schecks im allgemeinen weder gesetzliche noch Verzugszinsen in Frage kommen dürften. Überdies besteht hier auch die Möglichkeit, daß der von dem deutschen Schuldner begebene Wechsel oder Scheck von einem Inhaber, der kein feindlicher Staatsangehöriger ist, unter Forderung der gesetzlichen Zinsen zur Einlösung vorgelegt wird.

Die Zinsbefreiung tritt jedoch nur ein, wenn eine Verbindlichkeit aus dem Wechsel selbst besteht, nicht etwa auch, wenn der feindliche Gläubiger nur, wie dies im Geschäftsverkehr mit Frankreich vielfach üblich war, einen Wechsel auf den deutschen Schuldner in Umlauf gesetzt hat, ohne daß dieser ihn akzeptiert hat. Der deutsche Schuldner fühlt sich in solchen Fällen wohl gegenüber dem feindlichen Gläubiger wechselmäßig verpflichtet, weil früher er oder seine als Zahlstelle bezeichnete Bank für ihn solche Wechsel eingelöst hat. Diese Annahme beruht auf einem Rechtsirrtum. Zunächst ist nicht anzunehmen, daß nach Kriegsausbruch noch eine deutsche oder neutrale Bank für einen Deutschen einen von einem feindlichen Ausländer auf ihn in Umlauf gesetzten Wechsel eingelöst hat. Sollte sie es dennoch getan haben, sei

[9]) Bei gezogenen wie bei eigenen Wechseln entsteht der Wechselanspruch durch Hingabe des Wechsels; fällig wird er am Verfalltage. Die Präsentation ist erforderlich, um den Schuldner in Verzug zu setzen und den Anspruch auf Verzugszinsen zu begründen (Staub-Stranz, WO. 8. Auflage zu Art. 40 Anm. 1 und 2, zu Art. 50 Anm. 13 und zu Art. 99 Anm. 5; Rehbein, WO. 8. Auflage zu Art. 36—40 Anm. 12, zu Art. 96—100 Anm. 14). Bei gezogenen Wechseln folgt weder aus Art. 30 noch aus Art. 40 WO., „daß mit dem Verfall auch Verzug eintritt und daß der Akzeptant bzw. der Aussteller des eigenen Wechsels ohne Präsentation des Wechsels und vor derselben Verzugszinsen zu zahlen hat" (Rehbein zu Art. 36—40 Anm. 12). „Ist Präsentation nicht erfolgt, so hat der Wechselschuldner von der Klagzustellung ab Zinsen zu zahlen. Ist die Präsentation im Wechsel oder außerhalb desselben erlassen, so tritt mit dem Verfall Verzug ein, OHG. 5 S. 101; 19 S. 130; 8 S. 164; 21 S. 26, ebenso in all den Fällen, wo die Wechselschuld ausnahmsweise Bringschuld ist" (Rehbein a. a. O.). Der Regreßnehmer dagegen fordert nach Art. 50 WO. Zinsen vom Verfalltage ab, als gesetzliche Zinsen, nicht als Verzugszinsen (Rehbein zu Art. 41—55 Anm. 10, 17). Auch der Aussteller des eigenen Wechsels zahlt Verzugszinsen nur von der Präsentation ab; hat er sich jedoch verpflichtet, am Verfalltage ohne Präsentation beim Remittenten zu zahlen, so tritt Verzug und Verpflichtung zur Verzinsung ein, wenn er sich nicht beim Remittenten einfindet und dieser den Wechsel in Händen hatte (OHG. 8 S. 164). Dasselbe gilt, wenn der Wechsel beim Remittenten domiziliert ist" (Rehbein zu Art. 96—100 Anm. 14).

es auf Grund einer allgemeinen Anweisung der deutschen Firma, sei es auf Grund einer Zahlungsanweisung in bezug auf den einzelnen Wechsel, so besteht doch für den deutschen Schuldner keine Verpflichtung aus dem Wechsel, sondern lediglich aus dem Vertragsverhältnis mit der Bank, aus dem Zahlungsauftrag. Es kann deshalb hier unerörtert bleiben, ob eine Bank den ihr etwa erteilten Auftrag auch noch ausführen durfte, nachdem der Krieg ausgebrochen bzw. das Zahlungsverbot ergangen war.

5. Der Treuhänder ist demnach gleich dem Zwangsverwalter nicht Rechtsnachfolger des feindlichen Gläubigers. Er unterscheidet sich von dem Zwangsverwalter schon dadurch, daß dieser nicht eine Behörde ist. Er hat eine privatrechtliche Stellung, als Treuhänder des Privatrechts und als gesetzlicher Vertreter[10]) des feindlichen Gläubigers, und eine öffentlichrechtliche, als Inhaber des Amtes, das ihn zur Wahrung der öffentlichen, der nationalen Interessen verpflichtet (vgl. für den Zwangsverwalter Reichsgericht, DJZ. 1917, 752). Als Richtschnur hat ihm nach beiden Seiten hin das deutsche staatliche Interesse zu dienen. Dieses geht im Falle der Kollision dem privaten Interesse des Feindes vor. Dem feindlichen Gläubiger ist jede Verfügung über das unter Verwaltung des Treuhänders stehende Vermögen sowie jede sonstige Rechtshandlung in Ansehung desselben entzogen. Entgegenstehende Rechtsgeschäfte sind nichtig, soweit nicht der gutgläubige Dritte geschützt ist.

6. Wer vorsätzlich der vom Treuhänder ausgesprochenen Inverwaltungnahme Gegenstände entzieht, wird mit Gefängnis bis zu einem Jahre bestraft (§ 4 BRVO. vom 19. April 1917 in Verbindung mit § 6 BRVO. vom 26. November 1914).

IV. Die Mitwirkung des Treuhänders zu Verfügungen.

1. Die nach § 8 der Anmeldeverordnung vom 7. Oktober 1915 (s. oben A II b) zur Veräußerung, Abtretung oder Belastung feindlichen Vermögens erforderliche Genehmigung ist nicht mehr bei dem Reichskanzler, sondern bei dem Treuhänder nachzusuchen (§ 5 Abs. 1 Treuhänderverordnung). Seine Genehmigung ist auch erforderlich,

a) wenn sich der Schuldner auf eine ihm von dem Gläubiger erteilte Vollmacht zur Verfügung über das Guthaben oder die Zinsen

[10]) Daß der Zwangsverwalter und der Treuhänder gesetzliche Vertreter sind, gibt § 4 Abs. 1 S. 3 der BRVO. vom 19. April 1917 zu erkennen mit der Wendung: „wenn diesem (d. h. dem Treuhänder) auf Grund des § 2 der Verordnung vom 26. November 1914 die Vertretung des Feindes zusteht“.

beruft, wie es insbesondere Banken in ihren Geschäftsbedingungen häufig vereinbaren. Der Bevollmächtigte kann hier ebensowenig wie der feindliche Gläubiger selbst über das feindliche Guthaben verfügen;

b) wenn der ausländische Beteiligte durch einen Abwesenheitspfleger [11]) vertreten ist. Insbesondere bedarf bei einer Erbauseinandersetzung unter Beteiligung von feindländischen Miterben die Nachlaßteilung und bei Auflösung einer Gesellschaft, an der Feindländer beteiligt sind, die Auseinandersetzung der Genehmigung des Treuhänders (Rundverfügung des Präsidenten des Oberlandesgerichts Colmar vom 22. Mai 1917 P 98/17);

c) für die Abführung feindlichen Eigentums, namentlich von Wertpapieren und Geld, nach dem Ausland (§ 5 Abs. 1 BRVO. vom 19. April 1917 in Verbindung mit § 10 BRVO. vom 7. Oktober 1915).

Da § 8 nur eine Genehmigung fordert, diese aber auch eine nachträgliche Zustimmung sein kann (§ 184 BGB.), so ist die ohne die Genehmigung vorgenommene Veräußerung zunächst nicht nichtig, es sei denn, daß die Nichtigkeit wegen Verletzung einer anderen Bestimmung eintritt. Ihre Rechtsgültigkeit ist nur aufschiebend bedingt durch die Erklärung des Treuhänders. Wird die Genehmigung erteilt, so ist das Rechtsgeschäft als von Anfang an wirksam anzusehen; wird sie verweigert, so ist es von Anfang an rechtsunwirksam.

Die Genehmigung des Treuhänders ist bei jeder Art von feindlichem Vermögen erforderlich, also auch bei den Vermögenswerten, die er noch nicht in Verwaltung genommen hat. Die Inverwaltungnahme ist hier nicht Voraussetzung der Erklärung, ob er die Genehmigung erteilen will oder nicht. Die Genehmigung steht selbständig neben der Befugnis aus § 2, sowie ja auch gemäß § 3 der BRVO. vom 30. September 1914 Hinterlegungen beim Treuhänder erfolgen können, auch wenn der Treuhänder den Anspruch nicht in seine Verwaltung genommen hat, etwa bei Schulden unter 500 ℳ, die einer Anmeldepflicht nicht unterliegen (s. unten V 1 a). In der Regel freilich wird der Treuhänder gegenüber dem Antrag auf Ge-

[11]) Die Treuhänderverordnung steht nicht im Wege, für den feindlichen Gläubiger gemäß § 1911 Absatz 2 BGB. einen Abwesenheitspfleger zu bestellen (vgl. Beschluß des Landgerichts Ulm vom 11. Dezember 1917 F 72/17). Das Bedürfnis wird sich herausstellen, wenn eine Erbauseinandersetzung zwischen deutschen und feindländischen Erbberechtigten stattfinden soll. Da kann der Treuhänder selbst als gesetzlicher Vertreter eintreten; es kann aber auch ein Abwesenheitspfleger bestellt werden, ohne daß damit jedoch den Rechten des Treuhänders Abbruch geschieht.

nehmigung zunächst das feindliche Vermögen in Verwaltung nehmen und sich dann über seine Stellungnahme zu dem Antrage schlüssig werden. Die Verfügungen nach § 8 der BRVO. vom 7. Oktober 1915 bedürfen seiner Genehmigung also auch da, wo er aus besonderen Gründen von der Inverwaltungnahme ausdrücklich Abstand genommen hat (s. oben II 1 u. 3 b).

2. Zwangsvollstreckungen, Arreste, einstweilige Verfügungen und Konkursanträge gegen das vom Treuhänder in Verwaltung genommene Vermögen können nur mit seiner Genehmigung erfolgen (§ 5 Abs. 3).

a) Soweit sich die erwähnten Maßnahmen gegen Vermögen richten, das der Treuhänder noch nicht in Verwaltung genommen hat, bedürfen sie also nicht der Genehmigung.

Es erhebt sich nun aber die Frage, ob die Wendung des § 8 Abs. 3, daß die Rechtsakte „nur mit seiner Genehmigung erfolgen können", eine bewußte Abkehr von dem technischen Begriff der Genehmigung als nachträglicher Zustimmung sein soll. Dafür, daß hier zum mindesten eine Gleichzeitigkeit gefordert werde, ließe sich etwa geltend machen, daß die §§ 182—184 BGB. nur Verträge und Rechtsgeschäfte im Auge haben, während die hier fraglichen Zwangsvollstreckungen usw., auch der Konkursantrag, nicht Rechtsgeschäfte, sondern Rechtshandlungen sind. Die Frage ist m. E. jedoch zu verneinen. In der angeführten Wendung des § 8 dürfte nicht eine besondere Absicht des Gesetzgebers, eine besondere Feinheit der technischen Ausdrucksweise, liegen, sondern höchstens umgekehrt eine gewisse, bei der Überfülle und der Eile der Gesetzgebungsarbeit entschuldbare Nachlässigkeit.[12]) Die Genehmigung ist also auch hier als nachträgliche Zustimmung zulässig. Die Vorschrift bedeutet wie im Falle zu 1: die angeführten Vollstreckungsakte usw. sind ohne die Genehmigung des Treuhänders in ihrer Rechtsgültigkeit aufschiebend bedingt; bei Verweigerung der Genehmigung sind sie von Anfang an rechtsunwirksam.

Dafür spricht auch die praktische Erwägung: soll der Richter, dem ein Pfändungs- und Überweisungsgesuch oder der Antrag auf Erlaß eines Arrestes oder einer einstweiligen Verfügung oder auf Konkurseröffnung vorliegt, sich erst vergewissern müssen, ob es sich

[12]) Wenn § 4 Abs. 1 Satz 3 eine Bundesratsverordnung vom 26. Okt. 1914 statt November anführt, so liegt m. E. nicht ein Druckfehler im RGBl., sondern ein Versehen des Bundesrats vor. Andernfalls hätte wohl das RGBl. spätestens mit Abschluß des Halbjahrbandes und Inhaltsverzeichnis dazu eine Druckfehlerberichtigung gebracht.

um feindliches Vermögen handelt, bejahendenfalls, ob der Treuhänder es schon in seine Verwaltung genommen hat, und bejahendenfalls weiter, ob der Treuhänder der Zwangsvollstreckung usw. zustimmt? Man wird dem Richter, ganz abgesehen davon, daß die Vorschriften der Treuhänderverordnung vielen Richtern nicht geläufig sein dürften, was wiederum bei der Überfülle des Kriegsrechts kein Vorwurf sein kann, die Prüfung dieser Voraussetzungen ersparen können. Es bleibt dem Gläubiger überlassen, daß er sich der Zustimmung des Treuhänders beizeiten vergewissert. Andernfalls erlangt er eine Waffe, die er nicht gebrauchen kann. Der Treuhänder wird, wenn die Zwangsvollstreckung, der Arrest oder die einstweilige Verfügung oder ein Konkursverwalter das in seiner Verwaltung befindliche Vermögen angreift, zu entscheiden haben, ob er den Zugriff dulden will oder nicht. Verweigert er die Genehmigung, so hat sich der Gläubiger unnütze Kosten gemacht.

b) Soweit eine Zwangsvollstreckung, ein Arrest oder eine einstweilige Verfügung gegen das vom Treuhänder in Verwaltung genommene Vermögen nach der Erklärung des Kriegszustandes gegenüber dem in Betracht kommenden Staate erfolgt ist, sei es vor oder nach dem Inkrafttreten der Treuhänderverordnung, kann der Treuhänder die Aufhebung verlangen.

Die Zwangsvollstreckung usw. ist und bleibt also zunächst wirksam. Sie ist nur aufzuheben, wenn die drei Voraussetzungen erfüllt sind: Erklärung des Kriegszustandes, Inverwaltungnahme des Vermögensgegenstandes und Forderung der Aufhebung der Zwangsmaßnahme.

Die Vorschriften zu a und b wollen anscheinend ebensosehr den Treuhänder vor fremden Eingriffen in seine Verwaltungstätigkeit schützen, wie die durch Krieg behinderten Gläubiger des Feindländers, der im Inlande Vermögen besitzt. Vielleicht sollte die besondere Findigkeit und Fixigkeit einzelner, die der Krieg nicht an der Verfolgung ihrer Interessen verhindert hat, nicht zu einer Benachteiligung anderer führen. Soweit ein solcher Mißbrauch anscheinend nicht vorliegt, wird der Treuhänder darum wohl regelmäßig die Genehmigung erteilen, wenn die Zwangsvollstreckung sonst in Ordnung geht.

Mit der Erteilung der Genehmigung wird jedoch nur die Zwangsvollstreckung zulässig. Dagegen bedeutet die Genehmigung nicht, daß die Zwangsvollstreckung zu einer Befriedigung des Gläubigers durch den deutschen Drittschuldner führen muß. Denn dem Drittschuldner bleiben auch hier, wie gegenüber dem Treuhänder nach der Inverwaltungnahme, alle Einwendungen, die er gegenüber seinem feindlichen Gläubiger hat. Dazu gehört insbesondere die Einrede der gesetzlichen Stundung durch § 2 des Zahlungsverbotes vom 30. September 1914. Mit Recht weist das Reichsgericht (2. Zivilsenat, Urteil vom 9. März 1917 II 504/16) darauf hin: andernfalls bliebe der Drittschuldner „der Gefahr ausgesetzt, daß sein etwa im feindlichen Auslande befindliches Vermögen dem Zugriffe des Vollstreckungsschuldners anheimfiele, und gegen die Gefahr doppelter Inanspruchnahme soll er durch § 2 der Bekanntmachung gleichfalls geschützt werden". Wo ein deutscher Schuldner dem deutschen Pfändungsgläubiger gegenüber ohne triftigen Grund sich auf die Stundung beruft, ist der Treuhänder in der Lage, dem Gläubiger den Weg dadurch freizumachen, daß er nach den (unten 3 angeführten) Bestimmungen der BRVO. vom 17. Januar 1917 die Stundung aufhebt.

3. An Stelle des Reichskanzlers kann der Treuhänder (nach der Bekanntmachung vom 4. August 1917, RAnz. Nr. 189 vom 10. August 1917)[13]) von dem Zahlungsverbot und der Stundungsvorschrift des § 2 der BRVO. vom 30. September 1914 gemäß Art. 3 der BRVO. vom 17. Januar 1917 (RGBl. S. 51)[14]) eine Ausnahme bewilligen:

a) wenn (abgesehen von den Fällen des Art. 1) der Anspruch einem Deutschen oder einer Gemeinschaft oder Gesellschaft, bei der mindestens ein Teilhaber ein Deutscher ist, zusteht und der deutsche Berechtigte oder der zur Einziehung befugte deutsche Teilhaber, der den Anspruch geltend macht, sich außerhalb des feindlichen Machtgebietes aufhält;

b) wenn ein Angehöriger eines verbündeten Staates im Falle zu a an Stelle eines Deutschen in Frage steht;

c) wenn der Anspruch einer natürlichen oder juristischen Person zusteht, die in den von deutschen oder verbündeten Truppen besetzten Gebieten ihren Wohnsitz oder Sitz hat.

Eine derartige Ausnahmebewilligung kann vom Treuhänder widerrufen oder im Dienstaufsichtswege von dem Staatssekretär des Reichswirtschaftsamtes oder dem Reichskanzler wieder aufgehoben werden. Denn die Erlaubnis ist ein Verwaltungsakt und kann daher grundsätzlich zurückgenommen werden (s. Otto Mayer, Deutsches Verwaltungsrecht, II. Aufl., I § 22 S. 263 ff.). Eine Einschränkung tritt

---

[13]) S. Anhang A X 2 S. 105.

[14]) S. dazu Ohse JW. 1917 S. 253 und Tischbein JW. 1917 S. 275.

ein, soweit im Einzelfall auf Grund der Erlaubnis bereits Rechtsänderungen eingetreten sind.

4. Der Treuhänder ist in der Lage, aber nicht verpflichtet, über einzelne von ihm in Verwaltung genommene Vermögensgegenstände, namentlich Forderungen, Gläubigern des Feindländers Auskunft zu geben[15]); er wird es tun, wenn ihm der Anspruch, wegen dessen die Zwangsvollstreckung in das feindliche Vermögen betrieben werden soll, glaubhaft gemacht wird.

Im übrigen sind sämtliche Angestellten des Treuhänders der Verpflichtung zu strengster Verschwiegenheit unterworfen. Denn die Einrichtung des Treuhänders soll zwar zu einer amtlichen Feststellung des gesamten feindlichen Vermögens führen, aber nur für die Zwecke der Regierung: sie darf nicht die Wirkung einer Schädigung des deutschen Schuldners dadurch haben, daß seine geschäftlichen Beziehungen anderen, namentlich der Konkurrenz, offenbart werden.

Eine Auskunft des Treuhänders setzt den deutschen Gläubiger nur in die Lage, mit einem gegen seinen feindlichen Schuldner erlangten vollstreckbaren Titel und mit Genehmigung des Treuhänders (s. oben 2) die Zwangsvollstreckung in das feindliche Vermögen zu betreiben oder sich im Wege der Abtretung der Forderung an den deutschen Drittschuldner, jedoch wieder mit Genehmigung des Treuhänders (s. oben 1), Befriedigung zu verschaffen.

5. Will sich ein Deutscher gegenüber einer Person oder Firma im neutralen oder feindlichen Auslande zugunsten eines feindlichen Staatsangehörigen verbürgen, so ist dazu sowohl die Genehmigung des Treuhänders wie auch nach der Bekanntmachung vom 8. Februar 1917 (RGBl. S. 105) die Einwilligung der Reichsbank erforderlich.

V. Der Treuhänder als Hinterlegungsstelle.

1. An die Stelle der in früheren Verordnungen vorgesehenen Hinterlegung bei der Reichsbank für Rechnung des Berechtigten tritt die Abführung an den Treuhänder (§ 3):

a) Der Schuldner kann sich gegenüber dem Zahlungsverbot vom 30. September 1914 von der Schuld durch Abführung an den Treuhänder befreien (s. oben III 1). Das gilt auch für Schulden, die der Treuhänder nicht in Verwaltung genommen hat, z. B. weil sie unter 500 ℳ und darum nicht anmeldepflichtig waren (Art. 8 der Bek. vom 10. Oktober 1915, s. dazu oben IV 1).

---

15) S. BRVO. vom 24. Januar 1918 (RGBl. S. 62) § 2 (Anhang A VII 3. S. 84).

b) Bei der staatlichen Überwachung können die Aufsichtspersonen anordnen, daß Geld oder Wertpapiere, deren Abführung in das Ausland verboten ist, an den Treuhänder abgeführt werden (BRVO. vom 4. September 1914 § 4).

c) Die staatlichen Zwangsverwalter haben Überschüsse, die sich für die am Unternehmen beteiligten Feindländer ergeben, an den Treuhänder abzuführen (BRVO. vom 26. November 1914 § 5).

2. Die Hinterlegung hat befreiende Wirkung. Ein besonderes Hinterlegungsverfahren ist nicht vorgeschrieben. Es genügt bei Zahlungen die Überweisung auf das Girokonto des Treuhänders bei der Reichsbank oder sein Postscheckkonto Berlin Nr. 30290, auch Einsendung durch Postanweisung, bei Wertpapieren Überweisung auf sein Konto bei der Seehandlung (Kgl. Preuß. Staatsbank), in jedem Falle unter der Angabe, zugunsten welchen ausländischen Gläubigers die Hinterlegung erfolgt.

3. Die bereits vor dem Inkrafttreten der Treuhänderverordnung bei der Reichsbank hinterlegten Beträge und Wertpapiere kann der Treuhänder an Stelle der Reichsbank in Verwaltung nehmen (§ 3 Abs. 2).

VI. Die Tätigkeit des Treuhänders würde bei der Fülle von Rechtsverhältnissen, in die er einzugreifen berufen ist, die Gefahr einer gar nicht abzusehenden prozessualen Behelligung nach sich ziehen. Im Interesse der schnellen Erreichung der Ziele, welche die Treuhänderverordnung erstrebt, mußte dem Treuhänder darum nach verschiedenen Richtungen hin ein besonderer prozessualer Schutz gewährt werden.

1. Wie bei der Bestellung einer Aufsichtsperson oder eines Vertreters (s. oben A II 2), eines Zwangsverwalters (s. oben A II 5) oder eines Liquidators (s. oben A II 8) kann der feindliche Gläubiger oder sonst ein an dem feindlichen Vermögen Berechtigter gegen den Treuhänder wegen der von ihm in Ausübung seines Amtes oder in Veranlassung dieser Ausübung vorgenommenen Handlungen oder Unterlassungen Schadenersatzansprüche nur mit Genehmigung des Reichskanzlers geltend machen (§ 4 der Treuhänderverordnung in Verbindung mit Art. 1 der BRVO. vom 24. Juni 1915; für die Liquidation s. § 10 der BRVO. vom 31. Juli 1916).

„Die Genehmigung ist zu erteilen, wenn eine schuldhafte Pflichtverletzung vorliegt. Soweit die Genehmigung nicht erteilt ist, ist der Rechtsweg unzulässig.“ Eine Schadenersatzklage gegen den Treuhänder ist also unzulässig, solange die Genehmigung nicht erteilt ist; sei es, daß sie verweigert ist oder auf den gestellten Antrag hin ein Bescheid noch nicht ergangen ist. Es fragt sich, ob der Reichskanzler zur Stellungnahme, bei Verweigerung der Genehmigung zur Erteilung, mit der Begründung gezwungen werden kann, daß eine schuldhafte Pflichtverletzung des Treuhänders vorliege. Die Frage ist zu verneinen. Wenn schon der Treuhänder aus Rücksichten auf den unbehinderten Fortgang seiner Verwaltungstätigkeit durch die Aufstellung einer besonderen Prozeßvoraussetzung geschützt werden sollte, so kann man diese Maßnahme des Gesetzgebers nicht dadurch unwirksam machen, daß man die vorgesetzte, mit einem noch weit größeren Kreis von Geschäften befaßte Dienststelle der Gefahr der Behelligung mit voraussichtlich unbegründeten Klagen aussetzt. Darum ist auch eine Schadenersatzklage gegen den Reichsfiskus mit der Begründung, daß der Reichskanzler schuldhaft die Genehmigung nicht erteilt habe, für unzulässig zu erklären. Andernfalls würde auf dem Umwege über diese Klage der Zweck der Bestimmung zum Schutz des Treuhänders vereitelt werden. Ebenso gibt es kein Vorgehen im Verwaltungswege gegen den Reichskanzler.

2. Es kann aber auch ein Anspruch, der sich gegen den Feind richtet, nach der Inverwaltungnahme (gemäß § 2 der Verordnung vom 26. November 1914) gegen den Treuhänder als Vertreter des Feindes nur mit seiner Zustimmung gerichtlich geltend gemacht werden. Auch diese Vorschrift bedeutet, daß der Treuhänder vor Klagen geschützt werden soll, obwohl er in diesem Fall nicht selbst, materiell, in Anspruch genommen werden soll, sondern lediglich als Vertreter.

Schwierigkeiten können dadurch entstehen, daß § 4 Abs. 1 S. 3 die „Zustimmung" des Treuhänders fordert. Da die Zustimmung nach dem Sprachgebrauch des BGB. (§§ 182ff.) vorhergehende Einwilligung oder nachträgliche Genehmigung umfaßt, so könnten Gerichte den Treuhänder verurteilen, ohne die Frage seiner Zustimmung zu berücksichtigen, indem sie es darauf ankommen lassen, ob der Treuhänder die Geltendmachung des Anspruchs vor Gericht nachträglich genehmigt. Aus dem Zweck der Bestimmung ist aber zu entnehmen, daß hier die Zustimmung nur als Einwilligung in Betracht kommt und daß diese eine besondere Prozeßvoraussetzung bildet. Die Vorschrift erinnert an die Bestimmungen der Landesgesetze, wonach eine Klage gegen die Landesherren oder die ihnen im § 5 EG. ZPO. gleichgestellten Personen, außer bei vermögensrechtlichen Ansprüchen Dritter, nur mit Einwilligung des Beklagten zulässig ist.

Hat das Gericht gegen den Treuhänder eine Entscheidung gegeben ohne Feststellung der Zustimmung des Treuhänders zur Klage, sei es aus Nichtbeachtung des § 4 Abs. 1 S. 3, sei es in unrichtiger Auslegung (durch Zulassung nachträglicher Genehmigung), so erhebt sich die Frage, ob der Treuhänder die Entscheidung einfach als nichtig behandeln oder als Behörde von dem Gegner schlechthin die Anerkennung ihrer rechtlichen Unwirksamkeit verlangen oder durch die etwa noch zulässigen Rechtsmittel die Aufhebung als Vertreter herbeiführen muß. Eine Aufhebung kann er als Behörde nicht fordern, da ja die Gerichte an ihre Urteile und anderen Entscheidungen, die einer Rechtskraft fähig sind, gebunden sind. Auch kann er nicht ein gegen ihn ergangenes Urteil durch Nichtbeachtung der Rechtswirkung berauben. Der Treuhänder muß sich also trotz seiner öffentlichrechtlichen Aufgabe der Rechtsmittel bedienen, kraft der Aktiv- und Passiv-Legitimation, die ihm als gesetzlichen Vertreter des Feindes für einen bestimmten Vermögenskomplex zukommt.

Gegenüber einem rechtskräftigen Endurteil kommt die Nichtigkeitsklage nach § 579 Abs. 1 Ziff. 4 ZPO. in Frage. Gegen die Annahme einer stillschweigenden Genehmigung spricht die Auslegung des § 4 Abs. 1 S. 3, daß die Zustimmung Prozeßvoraussetzung ist. Der Treuhänder durfte sich gegenüber der Klage darauf verlassen, daß das Gericht den § 4 Abs. 1 S. 3 richtig anwenden würde.

Ist weder ein Rechtsmittel noch die Wiederaufnahme des Verfahrens zulässig, so muß der Treuhänder das fehlerhafte Urteil gegen sich gelten lassen. Für eine Vollstreckungsgegenklage nach § 767 ZPO. ist kein Platz.

Dagegen entbehrt ein gegen den feindlichen Gläubiger ohne Anführung des Treuhänders als gesetzlichen Vertreters ergangenes Urteil der Rechtswirksamkeit gegenüber der Verwaltung des Treuhänders.

VII. Die Kosten der Treuhänderverwaltung hat das in Verwaltung genommene feindliche Vermögen zu tragen (§ 4 Treuhänderverordnung in Verbindung mit § 5 Abs. 1 BRVO. vom 26. November 1914). Diese Kosten werden jedoch nicht etwa aus den vom Treuhänder auf Grund des § 7 der Treuhänderverordnung eingezogenen Zinsen gedeckt, sondern durch eine Abgabe von dem feindlichen Vermögen selbst.[16])

VIII. Die Treuhänderverordnung ist am 1. Mai 1917 in Kraft getreten. Der Reichskanzler wird bestimmen, wann sie außer Kraft

[16]) Auch wachsen dem Treuhänder Zinseszinsen zu, soweit er vereinnahmte Zinsen zinstragend anlegt.

tritt (§ 10). Er kann auch Ausführungsvorschriften erlassen, hat von dieser Befugnis bisher aber noch nicht Gebrauch gemacht.

IX. Mit der Ratifikation der Friedensverträge der Mittelmächte mit der Ukraine, Rußland und Finnland ist die Treuhänderverordnung diesen Staaten gegenüber als eine Vergeltungsmaßnahme außer Kraft getreten. Denn mit der Veröffentlichung im Reichsgesetzblatte erlangen die Friedensverträge und die Zusatzverträge Gesetzeskraft. Sie ändern von diesem Zeitpunkt an das bisherige innere Recht ihrem Inhalt entsprechend ab. Der Treuhänder hat jedoch bei den in Verwaltung genommenen Vermögensgegenständen bis zur Übernahme durch den Gläubiger für eine Wahrung der Interessen des Berechtigten **zu sorgen, nicht auf Grund der Treuhänderverordnung,** sondern auf Grund der Friedensverträge nach Maßgabe der deutschen Reichs- und Landesgesetze. Seine Verwaltung tritt nicht ohne weiteres außer Kraft, sondern lediglich auf Grund besonderer Entschließung in jedem einzelnen Falle, durch Freigabe des feindlichen Vermögens.

1. Es fallen daher die in der Treuhänderverordnung vorgesehenen Genehmigungen seitens des Treuhänders fort. Abtretungen bisher feindlichen Vermögens, Pfändungen und sonstige Zwangsvollstreckungsmaßnahmen sind nunmehr ohne Genehmigung des Treuhänders zulässig.

2. Der Treuhänder kann (jedoch nicht auf Grund des § 6 der Treuhänderverordnung, sondern etwa in analoger Anwendung des § 672 BGB. oder als Geschäftsführer ohne Auftrag) Forderungen einziehen, wenn dies zur Wahrung der Interessen des Berechtigten, z. B. bei plötzlichem Vermögensverfall des Schuldners, erforderlich ist. Der Schuldner hat aber in solchem Fall die Vergünstigung des dreimonatlichen — wenn es sich um russische Forderungen handelt, des sechsmonatlichen — Moratoriums. Ebenso kann der Treuhänder Zinsen von dem Schuldner entgegennehmen, nicht auf Grund des § 7 der Treuhänderverordnung, sondern des Friedensvertrags.

3. Die Freigabe der in Treuhänderverwaltung befindlichen feindlichen Vermögenswerte erfolgt:

a) auf Antrag des feindlichen Gläubigers.

Von dem Antrag und der Absicht des Treuhänders, das Guthaben freizugeben, bzw. die im Besitz des Treuhänders befindlichen Werte an den Gläubiger abzuführen, werden der Schuldner sowie Dritte, zu deren Gunsten etwa ein Vorbehalt vermerkt ist, benachrichtigt. Die Abführung erfolgt erst, wenn der Schuldner bzw. der Dritte innerhalb angemessener Frist nicht widerspricht oder sein Einverständnis erklärt. Erfolgt ein Widerspruch, so wird eine angemessene Frist zur Erwirkung eines gerichtlichen Arrestes oder anderweiter geeigneter Sicherheitsmaßregeln gesetzt. Nach fruchtlosem Ablauf dieser Frist erfolgt die Auskehrung an den feindlichen Gläubiger ohne Rücksicht auf den Widerspruch.

b) Auf Antrag des deutschen Schuldners erfolgt die Freigabe nur, wenn der deutsche Schuldner das Einverständnis des feindlichen Gläubigers nachweist.

4. Zinsen, die von deutschen Schuldnern auf Grund des § 7 der Treuhänderverordnung abgeführt sind, ohne daß gleichzeitig der Forderungsbetrag überwiesen ist, können an den Schuldner, vorbehaltlich seiner Auseinandersetzung mit dem Gläubiger, auf Antrag zurückerstattet werden, wenn es nach Lage der Sache angemessen erscheint.

Die von den Banken auf Grund besonderer Vereinbarung an den Treuhänder abgeführten Zinsen aus Wertpapieren werden auf Antrag ohne Zinseszinsen zurückvergütet.

4. Kapitel.

D. Organisation und Arbeitsleistung des Treuhänders.

I. Der Treuhänder, Geh. Oberregierungsrat Albert, vortragender Rat im Reichswirtschaftsamt, und sein Stellvertreter, Geh. Regierungsrat Dr. Nieders, sind durch die Bekanntmachung ihrer Bestellung im Reichsanzeiger (s. oben A I) öffentlich zur Vertretung der neuen Reichsbehörde legitimiert. Von ihnen unterzeichnete Erklärungen bedürfen danach weder gegenüber Behörden noch Privaten eines weiteren Nachweises der Berechtigung zur Vertretung der Reichsbehörde und des feindlichen Gläubigers. Dies gilt insbesondere für Erklärungen gegenüber dem Grundbuchamt und Hinterlegungsstellen und anderen Behörden, zu deren Amtspflicht die Prüfung der Antragsberechtigung gehört.

Nachdem Geheimrat Albert durch Erlaß des Staatssekretärs des Reichswirtschaftsamtes vom 8. November 1918 zum Präsidenten des „Verwertungsamtes für frei werdende Heeres-, Marine- und sonstige reichseigene Güter" ernannt worden war, wurde an seiner Stelle Dr. Nieders am 13. November 1918 zum Treuhänder für das feindliche Vermögen bestellt. Stellvertreter des Treuhänders wurde der Landgerichtsrat Bittner.

II. Im übrigen unterliegt die Organisation natürlich dem Wechsel nach dem Stande der Arbeiten.

1. Zur Zeit ihrer größten Ausdehnung war die Reichsbehörde mit ihren mehr als 500 Angestellten in Abteilungen und Unterabteilungen gegliedert. Darunter bearbeitete

a) die Verwaltungsabteilung grundsätzliche Fragen;

b) die Rechtsabteilung neben Rechtsgutachten insbesondere die Bewilligung von Ausnahmen von den Zahlungsverboten nach dem feindlichen Auslande und von gesetzlichen Beschränkungen in der Verfügung über feindliches Vermögen, soweit sie vom Reichskanzler dem Treuhänder unmittelbar übertragen worden sind (s. oben C IV 1 u.

3) und die Anträge auf Genehmigung von Zwangsvollstreckungen in feindliches Vermögen (s. oben C IV 2);

c) die durchaus kaufmännisch eingerichtete **Bankabteilung**, deren Abteilungsleiter i. A. zeichnen (der Stellvertreter des Treuhänders dagegen i. V.),

α) in Unterabteilung A die Verfügungen über die der Treuhänderverwaltung zur freien Entschließung überwiesenen Vermögensgegenstände und Sonderfragen auf dem Gebiete des Geld- und Bankwesens,

β) in Unterabteilung B den Schriftwechsel mit Banken und Bankiers, insbesondere über die Verzinsung der bei ihnen ruhenden Barguthaben und die Wertpapierzinsen feindlicher Ausländer,

γ) in Unterabteilung C die Waren- und Wechselschulden deutscher Schuldner an das feindliche Ausland gemäß den Anmeldebogen C; wieder gegliedert in Abteilungen, von denen die eine die englischen Forderungen, eine andere die französischen, eine dritte die russischen und eine vierte die amerikanischen, brasilianischen und alle anderen Forderungen erledigte, die dritte und vierte auch Anmeldungen auf B-Bogen (s. oben A II 7 a),

δ) in Unterabteilung D alle Angelegenheiten, die mit der Zwangsverwaltung feindlichen Vermögens im Inlande und der Zwangsliquidation feindlicher Unternehmungen zusammenhängen, den Verkehr mit den Zollbehörden und die Beteiligung feindlicher Ausländer am inländischen Vermögen (die Anmeldungen auf D-Bogen),

ε) in Unterabteilung E die Anmeldungen englischen und französischen Vermögens auf B-Bogen;

d) dazu trat die umfangreiche Buchhaltung.

2. Die Erledigung eines großen Teiles seiner Aufgaben hat den Treuhänder am 1. Oktober 1918 zu einer Veränderung der Organisation, einer Vereinfachung, geführt. Er hat sich einen Beirat im Ehrenamt angeschlossen und die Reichsbehörde selbst in nur noch zwei Abteilungen gegliedert. Diese bauen sich wieder auf aus Referaten.

a) Die **Verwaltungs- und Rechtsabteilung** hat neben den grundsätzlichen und allgemeinen Fragen, die im gesamten Geschäftsbetrieb auftauchen, insbesondere zu erledigen: Bewilligungen von Ausnahmen von dem Zahlungsverbot nach dem feindlichen Auslande und Gewährung von Ausnahmen von den gesetzlichen Beschränkungen in der Verfügung über feindliches Vermögen, soweit sie vom Reichskanzler dem Treuhänder unmittelbar übertragen sind, Anträge auf Genehmigung von Zwangsvollstreckungen in feindliches Vermögen und alle Angelegenheiten, die mit der Zwangsverwaltung feindlichen Vermögens im Inlande und der Zwangsliquidation feindlicher Unternehmungen im Inlande zusammenhängen.

b) Die Korrespondenzabteilung bearbeitet den gesamten Schriftwechsel, der sich aus der Anmeldung feindlichen Vermögens auf Grund der Anmeldeverordnungen vom 7. Oktober 1915 und 30. Januar 1918 ergibt, ohne Rücksicht darauf, ob diese Anmeldungen auf Anmeldebogen A, B, C oder D erstattet sind, und ohne Rücksicht auf die Nationalität des feindlichen Gläubigers.

III. Die Arbeitsleistung des Treuhänders hat Dr. Nieders im Plutus vom 13. Februar 1918 S. 50 ff. zutreffend wie folgt charakterisiert: „Naturgemäß ist die Arbeit des Treuhänders mit Rücksicht auf das vorgeschrittene Stadium des Weltkrieges eine außerordentlich umfangreiche und schwierige. Es gilt nicht nur, das seit Ende 1915 auf etwa hunderttausend Anmeldebogen angegebene feindliche Vermögen im Inlande statistisch, rechtlich, wirtschaftlich und banktechnisch zu erfassen und zu verarbeiten, sondern auch den berechtigten Interessen der einzelnen deutschen Schuldner ebenso gerecht zu werden, wie den Zwecken, welche die Einsetzung des Treuhänders zugunsten der deutschen Wirtschaft und des Handels nötig gemacht haben.

Die Vereinigung dieser verschiedenen, dem Treuhänder obliegenden Pflichten ist um so schwieriger, als nach der Treuhänderverordnung in seine Hände ein diskretionäres Ermessen und eine Verfügungsgewalt gelegt ist und nach Lage der Dinge gelegt werden mußte, deren Ausübung von den Betroffenen naturgemäß nicht immer angenehm empfunden werden kann. Dazu kommt, daß bei dem Umfange des von dem Treuhänder zu bearbeitenden Materiales der Treuhänder nicht von Anfang an jeden einzelnen deutschen Schuldner nach der Eigenart des Falles behandeln kann, sondern, um überhaupt eine Sichtung des bisher ungeordneten Stoffes zu ermöglichen, zunächst formularmäßig vorgehen muß. — Da davon auszugehen war, daß bei der Bearbeitung die feindlichen Beteiligungen an inländischen Unternehmen (Anmeldebogen D) am schwersten zu einer Erfassung der hier verkörperten feindlichen Vermögenswerte in Form bankmäßig zu verwaltender liquider Bestände führen würden, so war jene Gruppe zunächst vom Treuhänder in Angriff zu nehmen. Dies ist geschehen, indem, wo dies möglich war, den Landeszentralbehörden die betreffenden Anmeldebogen zur Erwägung eines Antrages auf Zwangsverwaltung oder Liquidation überwiesen wurden; wo dies nicht tunlich erschien, wurde durch Rückfrage bei den beteiligten Unternehmungen der Gewinn der Ausländer auf ihre Beteiligungen festgestellt, um danach die Frage der Verwaltung (unter Umständen sogar der Einziehung der feindlichen Beteiligungen) lösen zu können." Daneben schritt die Bearbeitung der C- und B-Bogen einher. Dabei konnte wegen der großen Zahl der Anmeldebogen C — etwa 60000! — die Bearbeitung der hier nach feindlichen Gläubigern geordneten Akten nicht gleichzeitig, sondern nur nach und nach erfolgen. So erhielten deutsche Schuldner, die mehrere feindliche Gläubiger hatten, die formularmäßigen Aufforderungen des Treuhänders nicht auf einmal, sondern in — oft längeren — Abständen.

In der Zwischenzeit ist die Arbeit des Treuhänders erheblich gefördert und so eine Einschränkung des umfangreichen Betriebes möglich geworden. Hat doch die Kriegsbehörde, da es darauf ankam, in kurzer Zeit ein großes Arbeitsgebiet zu bewältigen, zeitweilig einen erheblichen Umfang angenommen und mehr als 500 Angestellte vereinigt. Der Frieden mit den Ostmächten hat der Tätigkeit des Treuhänders nur zum kleineren Teil ein Ziel gesetzt. Möge ein baldiger Frieden mit den Westmächten den Treuhänder in die Lage setzen, all seine Aufgaben abzuschließen und seine Arbeit abzuwickeln!

Anhang.

A. Deutsches Recht.

I.

Bekanntmachung über die Geltendmachung von Ansprüchen von Personen, die im Ausland ihren Wohnsitz haben.

Vom 7. August 1914.
(RGBl. 1914 S. 360.)

Der Bundesrat hat auf Grund des § 3 des Gesetzes vom 4. August 1914 (RGBl. S. 327) über die Ermächtigung des Bundesrats zu wirtschaftlichen Maßnahmen und über die Verlängerung der Fristen des Wechsel- und Scheckrechts im Falle kriegerischer Ereignisse folgende Verordnung erlassen:

§ 1.

Personen, die im Ausland ihren Wohnsitz haben, sowie juristische Personen, die im Ausland ihren Sitz haben, können vermögensrechtliche Ansprüche, die vor dem 31. Juli 1914 entstanden sind, bis zum 31. Oktober 1914 vor inländischen Gerichten nicht geltend machen. Ist ein Anspruch vor dem Inkrafttreten dieser Vorschrift bereits rechtshängig geworden, so wird das Verfahren bis zum 31. Oktober 1914 unterbrochen.

Der Reichskanzler ist ermächtigt, Ausnahmen von diesen Vorschriften zuzulassen. Er kann aus Gründen der Vergeltung die Vorschriften auf Angehörige und juristische Personen eines ausländischen Staates ohne Rücksicht auf den Wohnsitz oder Sitz für anwendbar erklären.

§ 2.

Die Vorschriften des § 1 Abs. 1 finden keine Anwendung auf Ansprüche, die im Betriebe der von den dort bezeichneten physischen oder juristischen Personen im Inland unterhaltenen gewerblichen Niederlassungen entstanden sind.

Der Reichskanzler ist ermächtigt, aus Gründen der Vergeltung die Vorschriften auf Ansprüche der im Absatz 1 bezeichneten Art auszudehnen.

§ 3.

Die in den §§ 1, 2 vorgesehene Beschränkung in der Geltendmachung von Ansprüchen, mit Einschluß der Unterbrechung des Verfahrens, gilt auch für die Rechtsnachfolger der von der Beschränkung betroffenen Personen, sofern nicht die Ansprüche vor dem 31. Juli 1914 auf sie übergegangen sind.

§ 4.

Diese Verordnung tritt mit dem Tage der Verkündung in Kraft.

Berlin, den 7. August 1914.

Der Reichskanzler.
In Vertretung:
Delbrück.

II.

1. Bekanntmachung, betr. die Überwachung ausländischer Unternehmungen.

Vom 4. September 1914.
(RGBl. 1914 S. 397.)

Der Bundesrat hat auf Grund des § 3 des Gesetzes über die Ermächtigung des Bundesrats zu wirtschaftlichen Maßnahmen usw. vom 4. August 1914 (RGBl. S. 327) folgende Verordnung erlassen:

§ 1.

Die Landeszentralbehörden können unter Zustimmung des Reichskanzlers im Wege der Vergeltung für solche innerhalb ihres Gebiets ansässigen Unternehmungen oder Zweigniederlassungen von Unternehmungen, welche vom feindlichen Ausland aus geleitet oder beaufsichtigt werden, oder deren Erträgnisse ganz oder zum Teil in das feindliche Ausland abzuführen sind, auf Kosten der Unternehmungen Aufsichtspersonen bestellen, die unter Wahrung der Eigentums- und sonstigen Privatrechte des Unternehmens darüber zu wachen haben, daß während des Krieges der Geschäftsbetrieb nicht in einer den deutschen Interessen widerstreitenden Weise geführt wird.

Auf Versicherungsunternehmungen finden die Vorschriften dieser Verordnung mit der Maßgabe Anwendung, daß die Überwachung auf Anordnung des Reichskanzlers durch das Aufsichtsamt für Privatversicherung veranlaßt wird.

§ 2.

Die Aufsichtspersonen sind insbesondere befugt:

1. geschäftliche Maßnahmen jeder Art, insbesondere Verfügungen über Vermögenswerte und Mitteilungen über geschäftliche Angelegenheiten, zu untersagen,
2. die Bücher und Schriften des Unternehmens einzusehen sowie den Bestand der Kasse und die Bestände an Wertpapieren und Waren zu untersuchen,
3. Auskunft über alle Geschäftsangelegenheiten zu verlangen.

§ 3.

Die Leiter und Angestellten der Unternehmungen haben den zum Zwecke der Überwachung des Unternehmens von den Aufsichtspersonen getroffenen Anordnungen und Weisungen Folge zu leisten.

§ 4.

Gelder oder sonstige Vermögenswerte eines unter Aufsicht gestellten Unternehmens dürfen weder mittelbar noch unmittelbar in das feindliche Ausland abgeführt oder überwiesen werden.

Die Aufsichtspersonen können Ausnahmen zulassen. Sie können in geeigneten Fällen anordnen, daß Geld oder Wertpapiere, deren Abführung oder Überweisung nach Abs. 1 nicht erfolgen darf, zugunsten der Berechtigten bei der Reichsbank hinterlegt werden.

§ 5.

Wer als Leiter oder Angestellter eines Unternehmens den Vorschriften der §§ 3 oder 4 vorsätzlich zuwiderhandelt, wird, sofern nicht nach anderen Strafgesetzen eine höhere Strafe verwirkt ist, mit Geldstrafe bis zu 50000 Mk. und mit Gefängnis bis zu drei Jahren oder mit einer dieser Strafen bestraft. Der Versuch ist strafbar.

§ 6.

Diese Verordnung tritt mit dem Tage der Verkündung in Kraft.

Berlin, den 4. September 1914.

Der Stellvertreter des Reichskanzlers.
Delbrück.

2. Bekanntmachung, betr. die Überwachung ausländischer Unternehmungen.

Vom 22. Oktober 1914.
(RGBl. 1914 S. 447.)

Der Bundesrat hat auf Grund des § 3 des Gesetzes über die Ermächtigung des Bundesrats zu wirtschaftlichen Maßnahmen usw. vom 4. August 1914 (RGBl. S. 327) folgende Verordnung erlassen:

Artikel 1.

In die Verordnung, betreffend die Überwachung ausländischer Unternehmungen, vom 4. September 1914 (RGBl. S. 397) wird hinter den § 5 folgender § 5a eingestellt:

Ist für eine unter Aufsicht gestellte Unternehmung oder Zweigniederlassung kein Leiter oder Angestellter im Inland vorhanden, der zu Rechtshandlungen für die Unternehmung oder die Zweigniederlassung befugt ist, oder nimmt der Leiter oder Angestellte die Geschäfte nicht wahr, so ist auf Antrag der Aufsichtsperson ein Vertreter zu bestellen.

Die Bestellung erfolgt durch das Amtsgericht, in dessen Bezirke die Unternehmung oder Zweigniederlassung ansässig ist. Über die Auswahl des Vertreters ist die Aufsichtsperson zu hören.

Der Vertreter hat die laufenden Geschäfte der Unternehmung oder Zweigniederlassung ganz oder teilweise zu beendigen; zur Beendigung schwebender Geschäfte kann er auch neue Geschäfte eingehen. Er hat den Anordnungen und Weisungen der Aufsichtsperson Folge zu leisten.

Der Vertreter hat Anspruch auf Erstattung barer Auslagen und auf eine angemessene Vergütung für seine Tätigkeit. Der Betrag ist durch das Amtsgericht nach Anhörung der Aufsichtsperson festzusetzen und von dem Vertreter bei der Unternehmung oder Zweigniederlassung einzuziehen.

Während der Dauer der Vertretung ruht die Befugnis der Leiter und Angestellten zu Rechtshandlungen für die Unternehmung oder die Zweigniederlassung.

Das Amtsgericht hat die Vertretung auf Antrag der Aufsichtsperson aufzuheben.

Ist die Unternehmung oder Zweigniederlassung in das Handelsregister oder das Genossenschaftsregister eingetragen, so ist die Bestellung des Vertreters sowie die Aufhebung der Vertretung von Amts wegen in das Register einzutragen.

Gerichtsgebühren werden nicht erhoben.

Artikel 2.

Diese Verordnung tritt mit dem Tage der Verkündung in Kraft.

Berlin, den 22. Oktober 1914.

Der Stellvertreter des Reichskanzlers.
Delbrück.

III.

1. Bekanntmachung, betr. Zahlungsverbot gegen England.

Vom 30. September 1914.
(RGBl. 1914 S. 421.)

Der Bundesrat hat auf Grund des § 3 des Gesetzes über die Ermächtigung des Bundesrats zu wirtschaftlichen Maßnahmen usw. vom 4. August 1914 (RGBl. S. 327) im Wege der Vergeltung folgende Verordnung erlassen:

§ 1.

Es ist bis auf weiteres verboten, Zahlungen nach Großbritannien und Irland oder den britischen Kolonien und auswärtigen Besitzungen mittelbar oder unmittelbar in bar, in Wechseln oder Schecks, durch Überweisung oder in sonstiger Weise zu leisten, sowie Geld oder Wertpapiere mittelbar oder unmittelbar nach den bezeichneten Gebieten abzuführen oder zu überweisen.

Leistungen zur Unterstützung von Deutschen bleiben gestattet.

§ 2.

Schon entstandene oder noch entstehende vermögensrechtliche Ansprüche solcher natürlicher oder juristischer Personen, die in den im § 1 bezeichneten Gebieten ihren Wohnsitz oder Sitz haben, gelten vom 31. Juli 1914 an, oder wenn sie erst an einem späteren Tage zu erfüllen sind, von diesem Tage an bis auf weiteres als gestundet. Für die Dauer der Stundung können Zinsen nicht gefordert werden. Rechtsfolgen, die sich nach den bestehenden Vorschriften in der Zeit vom 31. Juli 1914 bis zum Inkrafttreten dieser Verordnung aus der Nichterfüllung ergeben haben, gelten als nicht eingetreten.

Die Stundung wirkt auch gegen jeden Erwerber des Anspruchs, es sei denn, daß der Erwerb vor dem 31. Juli 1914, oder wenn der Erwerber im Inland seinen Wohnsitz oder Sitz hat, vor dem Inkrafttreten dieser Verordnung stattgefunden hat. Dem Erwerber des Anspruchs steht gleich, wer durch dessen Erfüllung einen Erstattungsanspruch erlangt hat.

§ 3.

Der Schuldner kann sich dadurch befreien, daß er die geschuldeten Beträge oder Wertpapiere bei der Reichsbank für Rechnung des Berechtigten hinterlegt.

§ 4.

Bei Wechseln, bei denen zur Zeit des Inkrafttretens dieser Verordnung die Frist für die Vorlage zur Zahlung und für die Protesterhebung wegen Nichtzahlung noch nicht abgelaufen und Protest noch nicht erhoben ist, wird durch das Zahlungsverbot und die Stundung die Zeit, zu der die Vorlage zur Zahlung und die Protesterhebung wegen Nichtzahlung zulässig und erforderlich ist, bis nach dem Außerkrafttreten dieser Verordnung hinausgeschoben. Die Frist, innerhalb deren die Vorlage und die Protesterhebung nach dem Außerkrafttreten zu erfolgen hat, bestimmt der Reichskanzler.

Die Vorschriften des Abs. 1 finden entsprechende Anwendung auf Schecks, bei denen die Zeit, innerhalb deren sie zur Zahlung vorzulegen sind, bei dem Inkrafttreten dieser Verordnung noch nicht abgelaufen ist.

Eine Verpflichtung zur Entrichtung des weiteren Wechselstempels nach § 3 Abs. 2 des WechselstempelG. wird durch das Zahlungsverbot und die Stundung nicht begründet.

§ 5.

Die Vorschriften der §§ 1 bis 4 finden keine Anwendung, wenn es sich um eine im Inland erfolgende Erfüllung von Ansprüchen handelt, die für die im § 2 bezeichneten natürlichen oder juristischen Personen im Betrieb ihrer im Inland unterhaltenen Niederlassungen entstanden sind. Die Vorschriften der §§ 2, 3 finden jedoch Anwendung, wenn es sich um Rückgriffsansprüche der bezeichneten Personen wegen der Nichtannahme oder Nichtzahlung eines im Ausland zahlbaren Wechsels handelt.

§ 6.

Mit Gefängnis bis zu 3 Jahren und mit Geldstrafe bis zu 50000 Mk. oder mit einer dieser Strafen wird, sofern nicht nach anderen Strafgesetzen eine höhere Strafe verwirkt ist, bestraft

1. wer wissentlich der Vorschrift des § 1 zuwiderhandelt;
2. wer wissentlich einem deutschen Ausfuhrverbote zuwider Waren nach den im § 1 bezeichneten Gebieten mittelbar oder unmittelbar ausführt;
3. wer wissentlich Waren, für die in Deutschland ein Ausfuhrverbot besteht, aus einem anderen Lande nach den im § 1 bezeichneten Gebieten mittelbar oder unmittelbar abführt oder überweist.

Der Versuch ist strafbar.

§ 7.

Der Reichskanzler kann Ausnahmen von dem Verbote des § 1 und des § 6 Abs. 1 Nr. 3 zulassen.

Er kann im Wege der Vergeltung die Vorschriften dieser Verordnung auch auf andere feindliche Staaten für anwendbar erklären.

§ 8.

Diese Verordnung tritt mit dem Tage der Verkündung, der § 6 jedoch erst mit dem 5. Oktober 1914 in Kraft.

Der Reichskanzler bestimmt, wann und in welchem Umfang diese Verordnung außer Kraft tritt.

Berlin, den 30. September 1914.

Der Stellvertreter des Reichskanzlers.

Delbrück.

2. Bekanntmachung, betr. die Zahlungsverbote gegen England, Frankreich und Rußland.

Vom 20. Dezember 1914.

(RGBl. 1914 S. 550.)

Auf Grund des § 7 Abs. 1 der Verordnung, betreffend Zahlungsverbot gegen England, vom 30. September 1914 (RGBl. S. 421) und des Artikel 1 der Bekanntmachungen, betreffend Zahlungsverbot gegen Frankreich und gegen

Rußland, vom 20. Oktober und vom 19. November 1914 (RGBl. S. 443 und 479) wird folgendes bestimmt:

Die gegen England, Frankreich und Rußland erlassenen Zahlungsverbote (§ 1 der Verordnung vom 30. September 1914, RGBl. S. 421; Art. 1 der Bekanntmachungen vom 20. Oktober und vom 19. November 1914, RGBl. S. 443 und 479, in Verbindung mit § 1 der genannten Verordnung) gelten nicht für Zahlungen aus einem Schuldverhältnisse gegenüber einem im feindlichen Ausland ansässigen Unternehmen, sofern die Zahlung an einen Deutschen erfolgt, der Inhaber oder Teilhaber des Unternehmens ist und anläßlich des Krieges das feindliche Ausland verlassen hat.

Berlin, den 20. Dezember 1914.

Der Stellvertreter des Reichskanzlers.

Delbrück.

3. Bekanntmachung, betr. die Stundungsvorschriften der Zahlungsverbote gegen das feindliche Ausland.

Vom 17. Januar 1917.

(RGBl. S. 51.)

Der Bundesrat hat auf Grund des § 3 des Gesetzes über die Ermächtigung des Bundesrats zu wirtschaftlichen Maßnahmen usw. vom 4. August 1914 (RGBl. S. 327) folgende Verordnung erlassen:

Artikel 1.

Ungeachtet der Stundungsvorschrift des § 2 der Verordnung, betreffend Zahlungsverbot gegen England, vom 30. September 1914 (RGBl. S. 421) und ungeachtet der Bekanntmachungen, die den § 2 auf andere Staaten für anwendbar erklären, kann die Erfüllung eines vermögensrechtlichen Anspruchs gefordert werden, wenn der Anspruch einem Deutschen zusteht, der sich im Inland oder innerhalb der verbündeten Staaten oder der von deutschen oder verbündeten Truppen besetzten Gebiete aufhält. Das gleiche gilt, wenn der Anspruch einer Gemeinschaft oder Gesellschaft, deren sämtliche Teilhaber Deutsche sind, zusteht und von einem zur Einziehung befugten Teilhaber geltend gemacht wird, der sich in den genannten Gebieten aufhält. Die Stundung endet mit dem Ablauf eines Monats nach der Aufforderung zur Leistung.

Diese Vorschriften gelten nicht für Forderungen, die ein Deutscher oder eine Gemeinschaft oder Gesellschaft der im Abs. 1 bezeichneten Art erst nach der Erklärung des Kriegszustandes zwischen dem Deutschen Reiche und dem von dem Zahlungsverbote betroffenen feindlichen Staate von einem Dritten erworben hat.

Artikel 2.

Endet bei einem Wechsel, bei welchem durch die Stundung gemäß § 4 der Verordnung vom 30. September 1914 die Protesterhebung hinausgeschoben ist, die Stundung auf Grund des Artikel 1, so bleiben gleichwohl die Protesterhebung und der Rückgriff aus dem Wechsel bis auf weiteres ausgeschlossen. Diese Vorschrift findet auf Schecks entsprechende Anwendung.

Artikel 3.

Der Reichskanzler kann eine Ausnahme von der Stundungsvorschrift des

§ 2 der Verordnung, betreffend das Zahlungsverbot gegen England, und der ausdehnenden Bekanntmachungen bewilligen:

1. wenn, abgesehen von den Fällen des Art. 1, der Anspruch einem Deutschen oder einer Gemeinschaft oder Gesellschaft, bei welcher mindestens ein Teilhaber ein Deutscher ist, zusteht und der deutsche Berechtigte oder der zur Einziehung befugte deutsche Teilhaber, der den Anspruch geltend macht, sich außerhalb des feindlichen Machtgebiets aufhält;
2. wenn der Anspruch einem Angehörigen eines verbündeten Staates oder einer Gemeinschaft oder Gesellschaft, bei welcher mindestens ein Teilhaber Angehöriger eines verbündeten Staates ist, zusteht und der einem verbündeten Staate angehörige Berechtigte oder der zur Einziehung befugte, einem verbündeten Staate angehörige Teilhaber, der den Anspruch geltend macht, sich außerhalb des feindlichen Machtgebiets aufhält;
3. wenn der Anspruch einer natürlichen oder juristischen Person zusteht, die in den von deutschen oder verbündeten Truppen besetzten Gebieten ihren Wohnsitz oder Sitz hat.

Die Stundung endet mit dem Ablauf eines Monats, nachdem der Schuldner zur Leistung aufgefordert ist; bei der Aufforderung ist, wenn die Ausnahmebewilligung nicht im RGBl. bekannt gemacht ist, der Inhalt der Ausnahmebewilligung mitzuteilen.

Die Vorschriften des Art. 1 Abs. 2 und des Art. 2 finden entsprechende Anwendung.

Artikel 4.

Diese Verordnung tritt mit dem Tage der Verkündung in Kraft. Der Reichskanzler bestimmt, wann und in welchem Umfang sie außer Kraft tritt.

Berlin, den 17. Januar 1917.

Der Stellvertreter des Reichskanzlers.
Dr. Helfferich.

IV.

Bekanntmachung, betr. die Behandlung feindlicher Zollgüter.

Vom 15. Oktober 1914.
(RGBl. 1914 S. 438.)

Der Bundesrat hat auf Grund des § 3 des Gesetzes über die Ermächtigung des Bundesrats zu wirtschaftlichen Maßnahmen usw. vom 4. August 1914 (RGBl. S. 327) zum Zwecke der Vergeltung folgende Verordnung erlassen:

§ 1.

Waren, die sich am Tage des Inkrafttretens dieser Verordnung innerhalb der Reichsgrenze für Rechnung einer natürlichen oder juristischen Person befinden, die in Belgien, Frankreich, Großbritannien oder Rußland oder in den Kolonien und auswärtigen Besitzungen eines dieser Länder ihren Wohnsitz oder Sitz hat, sind, solange sie noch nicht in den freien Verkehr getreten sind, durch die Zollbehörde vorläufig festzuhalten.

Als noch nicht in den freien Verkehr getreten gelten im Sinne dieser Vorschrift auch Waren, die mit der Aussicht auf Zollbefreiung für den Fall ihres Wiederausganges abgefertigt sind.

§ 2.

Über Waren, die noch nicht in den freien Verkehr getreten sind, hat auf Verlangen der Zollbehörde jeder Auskunft zu erteilen, der mit ihrer Beförderung oder Aufbewahrung oder ihrem Absatz befaßt ist; er hat insbesondere seine Geschäftsbücher vorzulegen und die Besichtigung der Waren zu gestatten. Zur Erfüllung dieser Pflichten kann er durch Geldstrafen angehalten werden, deren Gesamtbetrag 3000 Mk. nicht übersteigen darf.

§ 3.

Der Reichskanzler kann im Wege der Vergeltung anordnen, daß die festgehaltenen Waren zugunsten des Reichs eingezogen werden.

§ 4.

Die Einziehung erfolgt durch einen Beschluß des Hauptamts. Vor dem Beschluß ist der zu Anträgen über die Zollbehandlung Berechtigte zu hören. Der Einziehungsbeschluß ist dem Berechtigten zuzustellen. Gegen den Beschluß ist nur die Beschwerde an die Direktivbehörde innerhalb eines Monats zulässig.

§ 5.

Aus der eingezogenen Ware sind vorweg die Ansprüche im Inland wohnhafter Personen wegen Aufwendungen auf die Ware zu befriedigen.

§ 6.

Für die Zollausschlüsse (Freihäfen) werden die zuständigen Verwaltungsbehörden durch die Landeszentralbehörde bestimmt.

§ 7.

Diese Verordnung tritt mit dem Tage ihrer Verkündung in Kraft.

Der Reichskanzler kann die Verordnung auf andere als die im § 1 bezeichneten feindlichen Gebiete ausdehnen; er kann die nach § 3 erlassenen Anordnungen aufheben oder beschränken.

Der Reichskanzler kann Ausnahmen von der vorläufigen Festhaltung (§ 1) zulassen.

Der Reichskanzler bestimmt, wann und inwieweit die Verordnung außer Kraft tritt.

Berlin, den 15. Oktober 1914.

Der Reichskanzler.
In Vertretung:
Lisco.

V.

1. Bekanntmachung, betr. die zwangsweise Verwaltung französischer Unternehmungen.

Vom 26. November 1914.
(RGBl. 1914 S. 487.)

Der Bundesrat hat auf Grund des § 3 des Gesetzes über die Ermächtigung des Bundesrats zu wirtschaftlichen Maßnahmen usw. vom 4. August 1914 (RGBl. S. 327) folgende Verordnung erlassen:

§ 1.

Die Landeszentralbehörden können unter Zustimmung des Reichskanzlers im Wege der Vergeltung solche Unternehmungen, deren Kapital ganz oder überwiegend französischen Staatsangehörigen zusteht, zwangsweise unter Verwaltung stellen. Die Anwendung dieser Vorschrift wird nicht dadurch ausgeschlossen, daß zur Verdeckung der Beteiligung französischer Staatsangehöriger Angehörige anderer Staaten vorgeschoben werden.

§ 2.

Der Verwalter hat sich in den Besitz des Unternehmens zu setzen. Er ist zu allen Rechtshandlungen für das Unternehmen befugt. Er kann das Unternehmen ganz oder teilweise fortführen oder sich auf die Beendigung der laufenden Geschäfte beschränken.

Nach Abwickelung der Geschäfte kann der Verwalter, wenn es sich um eine Gesellschaft handelt, die im Inland ihren Sitz hat, auf Antrag eines deutschen Gesellschafters die Gesellschaft unter Zustimmung der Landeszentralbehörde auflösen.

Während der Dauer der Verwaltung ruhen die Befugnisse des Inhabers des Unternehmens sowie die Befugnisse anderer Personen zu Rechtshandlungen für das Unternehmen. Das Gleiche gilt von den Befugnissen aller Organe.

Ist das Unternehmen in das Handelsregister eingetragen, so ist die Bestellung des Verwalters sowie die Aufhebung der Verwaltung von Amts wegen gebührenfrei einzutragen.

§ 3.

Der Reichskanzler kann im Wege der Vergeltung die Auflösung der im § 1 bezeichneten Unternehmungen sowie bei Gesellschaften, die im Inland ihren Sitz haben, die Auflösung der Gesellschaft für zulässig erklären.

§ 4.

Die Landeszentralbehörde kann bestimmen, in welcher Weise die in den §§ 1 bis 3 bezeichneten Maßnahmen durchzuführen sind.

§ 5.

Die Kosten der in den §§ 1 bis 4 bezeichneten Maßnahmen hat das Unternehmen zu tragen.

Überschüsse, die sich für die am Unternehmen Beteiligten ergeben, sind, soweit es sich um Angehörige des feindlichen Auslandes handelt, für deren Rechnung bei der Reichsbank zu hinterlegen. Die Landeszentralbehörde kann, wenn der Angehörige des feindlichen Auslandes im Inland wohnt, die Auszahlung der für seinen Unterhalt erforderlichen Beträge gestatten.

§ 6.

Wer vorsätzlich einer auf Grund der §§ 1 bis 3 angeordneten Verwaltung Gegenstände ganz oder teilweise entzieht, wird mit Gefängnis bis zu einem Jahre bestraft.

§ 7.

Einem Unternehmen im Sinne dieser Verordnung stehen die Niederlassung eines Unternehmens sowie ein Grundstück gleich.

§ 8.

Auf Versicherungsunternehmungen, die dem Aufsichtsamte für Privatversicherung unterstehen, finden die Vorschriften dieser Verordnung mit der Maßgabe Anwendung, daß die in den §§ 1 bis 4 bezeichneten Maßnahmen auf

Anordnung des Reichskanzlers durch das Aufsichtsamt für Privatversicherung getroffen werden.

§ 9.

Der Reichskanzler kann im Wege der Vergeltung die Vorschriften dieser Verordnung auf die Angehörigen anderer feindlicher Staaten für anwendbar erklären.

§ 10.

Diese Verordnung tritt mit dem Tage der Verkündung in Kraft.

Berlin, den 26. November 1914.

Der Stellvertreter des Reichskanzlers.
Delbrück.

2. Bekanntmachung, betr. Ergänzung der Verordnungen über die Überwachung und zwangsweise Verwaltung ausländischer Unternehmungen.

Vom 24. Juni 1915.
(RGBl. S. 351.)

Der Bundesrat hat auf Grund des § 3 des Gesetzes über die Ermächtigung des Bundesrats zu wirtschaftlichen Maßnahmen usw. vom 4. August 1914 (RGBl. S. 327) in Ergänzung der Verordnungen, betreffend die Überwachung ausländischer Unternehmungen, vom 4. September und 22. Oktober 1914 (RGBl. S. 397, 447), sowie betreffend die zwangsweise Verwaltung französischer Unternehmungen vom 26. November 1914 (RGBl. S. 487), folgende Verordnung erlassen:

Artikel 1.

Ist nach Maßgabe der Verordnungen vom 4. September, 22. Oktober oder 26. November 1914 oder einer ergänzenden Bekanntmachung des Reichskanzlers eine Aufsichtsperson, ein Vertreter oder ein Verwalter bestellt worden, so können wegen der von der bestellten Person in Ausübung oder in Veranlassung der Ausübung ihrer Obliegenheiten vorgenommenen Handlungen oder Unterlassungen Schadenersatzansprüche des Inhabers des Unternehmens oder eines an dem Unternehmen Beteiligten nur mit Genehmigung der Landeszentralbehörde geltend gemacht werden. Die Genehmigung ist zu erteilen, wenn eine schuldhafte Pflichtverletzung vorliegt. Soweit die Genehmigung nicht erteilt ist, ist der Rechtsweg unzulässig.

Artikel 2.

Leiter und Angestellte eines unter zwangsweise Verwaltung gestellten Unternehmens sind verpflichtet, dem Verwalter auf Erfordern Auskunft über die Geschäftsangelegenheiten des Unternehmens zu erteilen; dies gilt auch dann, wenn ihre Beschäftigung bei dem Unternehmen nach dem 30. Juli 1914 ein Ende genommen hat. Wer die Auskunft vorsätzlich nicht erteilt oder wissentlich unwahre Angaben macht, wird mit Geldstrafe bis zu eintausendfünfhundert Mark oder mit Gefängnis bis zu 3 Monaten bestraft.

Hinsichtlich der Verpflichtung zur Auskunft an Aufsichtspersonen bewendet es bei den Vorschriften der Verordnung vom 4. September 1914.

Artikel 3.

Die Vorschriften des Artikel 1 treten mit dem Tage der Verkündung, die Vorschriften des Artikel 2 mit dem 28. Juni 1915 in Kraft.

Berlin, den 24. Juni 1915.

Der Stellvertreter des Reichskanzlers
Delbrück.

3. Bekanntmachung, betr. Ergänzung der Vorschriften über die zwangsweise Verwaltung ausländischer Unternehmungen.

Vom 10. Februar 1916.
(RGBl. S. 89.)

Der Bundesrat hat auf Grund des § 3 des Gesetzes über die Ermächtigung des Bundesrats zu wirtschaftlichen Maßnahmen usw. vom 4. August 1914 (RGBl. S. 327) folgende Verordnung erlassen:

Artikel 1.

Der § 7 der Verordnung, betreffend die zwangsweise Verwaltung französischer Unternehmungen, vom 26. November 1914 (RGBl. S. 487) wird dahin ergänzt, daß einem Unternehmen im Sinne der Verordnung außer der Niederlassung eines Unternehmens und Grundstücken auch Vermögenswerte, die zu einem Unternehmen gehören, sowie Nachlaßmassen gleichstehen.

Aus besonderen Gründen können im Wege der Vergeltung mit Zustimmung des Reichskanzlers auch sonstige Vermögenswerte, wenn sie französischen oder auf Grund des § 9 der Verordnung gleichgestellten Staatsangehörigen zustehen, zwangsweise unter Verwaltung gestellt werden.

Artikel 2.

Diese Verordnung tritt mit dem Tage der Verkündung in Kraft.

Berlin, den 10. Februar 1916.

Der Stellvertreter des Reichskanzlers
Delbrück.

VI.

1. Bekanntmachung über gewerbliche Schutzrechte feindlicher Staatsangehöriger.

Vom 1. Juli 1915.
(RGBl. S. 414.)

Der Bundesrat hat auf Grund des § 3 des Gesetzes über die Ermächtigung des Bundesrats zu wirtschaftlichen Maßnahmen usw. vom 4. August 1914 (RGBl. S. 327) im Wege der Vergeltung folgende Verordnung erlassen:

§ 1.

Patentrechte, Gebrauchsmusterrechte und Warenzeichenrechte können, soweit sie Angehörigen feindlicher Staaten zustehen, durch Anordnungen des Reichskanzlers im öffentlichen Interesse beschränkt und aufgehoben werden. Insbesondere können anderen Ausübungs- und Nutzungsrechte erteilt werden.

Den Anordnungen kann rückwirkende Geltung beigelegt werden. Sie können jederzeit geändert und zurückgenommen werden.

§ 2.

Auf Anmeldungen von Angehörigen feindlicher Staaten werden Patente nicht erteilt, Gebrauchsmuster oder Warenzeichen nicht eingetragen. Im übrigen kann das Patentamt, soweit Angehörige feindlicher Staaten in Betracht kommen, Amtshandlungen, die ihm nach gesetzlichen Vorschriften obliegen, aussetzen und das Verfahren vorläufig einstellen; der Präsident des Patentamts kann Bestimmungen darüber erlassen.

§ 3.

Die Anwendung dieser Verordnung wird nicht dadurch ausgeschlossen, daß die Rechte nach dem 31. Juli 1914 auf Angehörige anderer Staaten übertragen oder daß zur Verdeckung der Rechtsverhältnisse Angehörige anderer Staaten vorgeschoben sind.

§ 4.

Den Angehörigen feindlicher Staaten stehen gleich die Angehörigen ihrer Kolonien und auswärtigen Besitzungen, Personen, die in den Gebieten dieser Staaten oder ihrer Kolonien und auswärtigen Besitzungen ihren Wohnsitz oder ihre Niederlassung haben, sowie juristische Personen, Gesellschaften und Unternehmungen, die in den bezeichneten Gebieten ihren Sitz haben oder von dort aus geleitet oder beaufsichtigt werden oder deren Erträgnisse ganz oder zum Teil dorthin abzuführen sind.

§ 5.

Feindliche Staaten im Sinne dieser Verordnung sind England, Frankreich und Rußland.

§ 6.

Die Wirkung von Patenten, die Angehörigen Rußlands zustehen, ist, unbeschadet der für Angehörige anderer als der feindlichen Staaten bestellten ausschließlichen Rechte zur Ausübung oder Nutzung, vom 11. März 1915 an als erloschen anzusehen. Rechte der bezeichneten Art sind bei dem Patentamt anzumelden und werden durch den Reichsanzeiger bekannt gemacht; die Wirkung des Rechtes erlischt, wenn es nicht spätestens am 30. September 1915 zur Kenntnis des Patentamts gebracht ist. Das Reich ist berechtigt, die für die Gewährung des Rechtes vereinbarte Gegenleistung zu fordern; die Zahlungen sind bei der Kasse des Patentamts zu leisten.

Die Wirkung der für Angehörige Rußlands bestellten Rechte zur Ausübung oder Nutzung von Patenten ist vom 11. März 1915 an als erloschen anzusehen.

Durch Patentanmeldungen, die nach dem 11. März 1915 bewirkt sind, können für Angehörige Rußlands keine Rechte begründet werden.

Diese Vorschriften (Abs. 1 bis 3) sind auf Gebrauchsmuster entsprechend anzuwenden.

§ 7.

Der Reichskanzler erläßt die zur Ausführung dieser Verordnung erforderlichen Bestimmungen; er kann die im § 1 bezeichneten Befugnisse einer anderen Stelle übertragen.

Der Reichskanzler kann im Wege der Vergeltung diese Verordnung ganz oder teilweise auf die Angehörigen anderer als der im § 5 bezeichneten Staaten für anwendbar erklären.

§ 8.

Diese Verordnung tritt mit dem Tage ihrer Verkündung in Kraft. Der Reichskanzler bestimmt, wann und inwieweit die Verordnung außer Kraft tritt.

Berlin, den 1. Juli 1915.

Der Stellvertreter des Reichskanzlers
Delbrück.

2. Bestimmungen zur Ausführung der Verordnung über gewerbliche Schutzrechte feindlicher Staatsangehöriger.

Vom 2. Juli 1915.
(RGBl. S. 417.)

Auf Grund des § 7 der Verordnung über gewerbliche Schutzrechte feindlicher Staatsangehöriger vom 1. Juli 1915 (RGBl. S. 414/15) bestimme ich:

Zu § 1 der Verordnung.

1. Zuständig für die Anordnungen ist der für gewerbliche Schutzrechte bestellte Reichskommissar.

2. Die Anordnungen werden nur auf Antrag getroffen. Der Antrag ist schriftlich an den Präsidenten des Patentamts zu richten. Die Angaben, mit denen der Antrag begründet wird, sind glaubhaft zu machen. Zugleich ist bei der Kasse des Patentamts für jedes Schutzrecht, auf das sich der Antrag bezieht, eine Gebühr von 50 Mark zu zahlen.

3. Der Präsident des Patentamts trifft die erforderlichen Verfügungen, um den Sachverhalt aufzuklären. Er kann den Antrag in geeigneter Weise bekannt machen und die Beteiligten zur Anhörung laden. Die entstandenen Verhandlungen legt er mit seinem Gutachten dem Reichskommissar vor.

4. Der Reichskommissar kann bei der Vorbereitung und der Durchführung seiner Anordnungen Zeugen und Sachverständige eidlich vernehmen, die Hilfe der Verwaltungsbehörden in Anspruch nehmen und das Patentamt sowie die Gerichte um Rechtshilfe ersuchen. Er kann den Betrag der Geldleistungen, die auf Grund seiner Anordnungen zugunsten des Reichs fällig geworden sind, festsetzen. Die festgesetzten Beträge sind als öffentliche Abgaben anzusehen und können nach den am Orte des Wohnsitzes oder Sitzes des Verpflichteten geltenden landesrechtlichen Vorschriften zwangsweise beigetrieben werden.

5. Zeugen und Sachverständige erhalten Gebühren nach Maßgabe der Gebührenordnung vom 30. Juni 1878 (RGBl. 1878 S. 173, 1914 S. 214). Die dadurch entstehenden Kosten fallen dem Antragsteller zur Last.

6. Die für die Zwecke des Heeres oder der Flotte erforderlichen Anordnungen können von der obersten Heeres- oder Flottenbehörde unmittelbar bei dem Reichskommissar angeregt werden.

Zu § 6 der Verordnung.

7. Die Einsicht der Urkunden, auf Grund deren die Bekanntmachungen von dem Patentamt erlassen sind, steht jedermann frei.

8. Das Reich wird in bezug auf das ihm zustehende Forderungsrecht durch den Präsidenten des Patentamts vertreten.

Berlin, den 2. Juli 1915.

Der Stellvertreter des Reichskanzlers
Delbrück.

VII.

1. Bekanntmachung über die Anmeldung des im Inland befindlichen Vermögens von Angehörigen feindlicher Staaten.

Vom 7. Oktober 1915.

(RGBl. S. 633.)

Der Bundesrat hat auf Grund des § 3 des Gesetzes über die Ermächtigung des Bundesrats zu wirtschaftlichen Maßnahmen usw. vom 4. August 1914 (RGBl. S. 327) folgende Verordnung erlassen:

§ 1.

Das im Inland befindliche Vermögen von Angehörigen feindlicher Staaten ist nach Maßgabe der vom Reichskanzler zu erlassenden Vorschriften anzumelden.

§ 2.

Die Landeszentralbehörden bestimmen, bei welchen Stellen die Anmeldungen zu erfolgen haben.

Auf Erfordern dieser Stellen ist jedermann verpflichtet, binnen einer von der Anmeldestelle festzusetzenden Frist eine Erklärung darüber abzugeben, ob bei ihm die Voraussetzungen der Anmeldepflicht vorliegen, sowie eine abgegebene Erklärung oder Anmeldung durch nähere Auskünfte zu ergänzen.

§ 3.

Die mit der Entgegennahme oder Bearbeitung der Anmeldung befaßten Personen sind verpflichtet, über die aus Anlaß der Anmeldung zu ihrer Kenntnis gelangten Verhältnisse Verschwiegenheit zu beobachten.

§ 4.

Als feindliche Staaten im Sinne dieser Verordnung gelten Großbritannien und Irland, Frankreich, Rußland und Finland sowie die Kolonien und auswärtigen Besitzungen dieser Staaten.

Der Reichskanzler kann die Vorschriften dieser Verordnung ganz oder teilweise auch auf andere feindliche Staaten sowie auf Länder, die vom Feinde besetzt sind, für anwendbar erklären.

§ 5.

Juristische Personen, die im feindlichen Ausland (§ 4) ihren Sitz haben, stehen einem Angehörigen der feindlichen Staaten im Sinne dieser Verordnung gleich.

§ 6.

Zu dem im Inland befindlichen Vermögen im Sinne dieser Verordnung gehören insbesondere auch Beteiligungen an einem Unternehmen, das im Inland seinen Sitz hat, sowie vermögensrechtliche Ansprüche aller Art, wenn sie gegen Personen gerichtet sind, die im Inland ihren Wohnsitz oder Sitz haben.

§ 7.

Ist nach dem 31. Juli 1914 ein im Inland befindlicher Vermögensgegenstand von einem Angehörigen der feindlichen Staaten veräußert oder abgetreten worden und ist anzunehmen, daß die Veräußerung oder Abtretung geschehen ist, um ihn den deutschen Vergeltungsmaßnahmen zu entziehen, so kann der Reichskanzler anordnen, daß die Veräußerung oder Abtretung für die Anwendung dieser Verordnung als nicht geschehen anzusehen ist.

§ 8.

Im Inland befindliches Vermögen von Angehörigen feindlicher Staaten, insbesondere auch ein dazu gehöriger Anspruch, kann vom Inkrafttreten dieser Verordnung an, unbeschadet weitergehender Anordnungen der Militärbefehlshaber, nur mit Genehmigung des Reichskanzlers veräußert, abgetreten oder belastet werden.

Unberührt bleibt die Zulässigkeit der Ausübung eines vor dem Inkrafttreten dieser Verordnung erlangten dinglichen Rechtes oder kaufmännischen Zurückbehaltungsrechts.

§ 9.

Die im § 8 bezeichneten Beschränkungen gelten nicht

1. für das Vermögen feindlicher Staatsangehöriger, die sich im Inland aufhalten,
2. für das Vermögen feindlicher Staatsangehöriger, das zu einem im Inland befindlichen Betriebe gehört,

soweit es sich um Veräußerungen, Abtretungen oder Belastungen zugunsten von Personen handelt, die im Inland ihren Wohnsitz, Sitz oder dauernden Aufenthalt haben.

Die im § 8 bezeichneten Beschränkungen gelten ferner nicht für das einer staatlichen Aufsicht oder Verwaltung nach Maßgabe der Bundesratsverordnungen vom 4. September und 26. November 1914 (RGBl. S. 397, 487) unterstehende Vermögen.

§ 10.

Es ist bis auf weiteres verboten, ohne Genehmigung des Reichskanzlers Sachen, die im Eigentume von Angehörigen feindlicher Staaten stehen, insbesondere auch Wertpapiere und Geldstücke, unmittelbar oder mittelbar nach dem Ausland abzuführen, soweit es sich nicht um die Mitnahme von Reisegut handelt. Der Reichskanzler kann nähere Bestimmungen darüber erlassen, was als Reisegut anzusehen ist.

§ 11.

Die weitergehenden Vorschriften der Bekanntmachungen, betreffend die Zahlungsverbote gegen England, Frankreich und Rußland, vom 30. September, 20. Oktober und 19. November 1914 (RGBl. S. 421, 443, 479) bleiben unberührt.

§ 12.

Mit Geldstrafe bis zu eintausendfünfhundert Mark oder mit Gefängnis bis zu drei Monaten wird bestraft:

1. wer vorsätzlich den gemäß § 1 ergehenden Anordnungen des Reichskanzlers über die Vermögensanmeldung oder einer gemäß § 2 Abs. 2 ergehenden Aufforderung nicht oder nicht innerhalb der vorgeschriebenen Frist nachkommt;
2. wer bei der Anmeldung oder bei einer nach § 2 Abs. 2 abzugebenden Erklärung oder Auskunft wissentlich unvollständige oder unrichtige Angaben macht;
3. wer den Vorschriften des § 3 zuwider Verschwiegenheit nicht beobachtet.

In dem Falle der Nr. 3 tritt die Verfolgung nur auf Antrag ein.

§ 13.

Mit Gefängnis bis zu drei Jahren und mit Geldstrafe bis zu fünfzigtausend Mark oder mit einer dieser Strafen wird, sofern nicht nach anderen

Strafgesetzen eine höhere Strafe verwirkt ist, bestraft, wer wissentlich dem Verbote des § 10 zuwiderhandelt.

§ 14.

Diese Verordnung tritt mit dem Tage der Verkündung, die Vorschrift des § 13 tritt jedoch erst mit dem 11. Oktober 1915 in Kraft.

Der Reichskanzler bestimmt, wann und in welchem Umfang diese Verordnung außer Kraft tritt.

Berlin, den 7. Oktober 1915.

Der Stellvertreter des Reichskanzlers
Delbrück.

2. Bekanntmachung, betr. Vorschriften über die Anmeldung des im Inland befindlichen Vermögens von Angehörigen feindlicher Staaten.

Vom 10. Oktober 1915.
(RGBl. S. 653.)

Auf Grund des § 1 der Verordnung über die Anmeldung des im Inland befindlichen Vermögens von Angehörigen feindlicher Staaten vom 7. Oktober 1915 (RGBl. S. 633) wird folgendes bestimmt:

Artikel 1.

Angehörige eines feindlichen Staates, die ihren Aufenthalt im Inland haben — mit Ausnahme der Kriegsgefangenen — haben ihr gesamtes im Inland befindliches Aktivvermögen unter Angabe der einzelnen dazu gehörigen Vermögensgegenstände nach Maßgabe des Anmeldebogens A anzumelden.

Artikel 2.

Wer im Inland befindliche Vermögenswerte eines feindlichen Staatsangehörigen oder eines im feindlichen Ausland ansässigen Unternehmens verwaltet oder in Verwahrung hat, hat diese Vermögenswerte unter Aufführung der einzelnen Gegenstände und unter Angabe von Namen, Wohnort (Firma und Sitz) und Staatsangehörigkeit des Berechtigten nach Maßgabe des Anmeldebogens B anzumelden.

Artikel 3.

Wer einem im Ausland befindlichen feindlichen Staatsangehörigen oder einem im feindlichen Ausland ansässigen Unternehmen eine auf Geld lautende Leistung schuldet, hat deren Betrag sowie Namen, Wohnort (Firma und Sitz) und Staatsangehörigkeit des Berechtigten nach Maßgabe des Anmeldebogens C anzumelden. Anzumelden haben nur diejenigen natürlichen oder juristischen Personen, welche im Inland ihren Wohnsitz oder Sitz haben.

Gesamtschulden sind als solche zu bezeichnen.

Bei wiederkehrenden Leistungen ist die Jahresleistung und die Zeitdauer, für die sie geschuldet werden, anzugeben. Wird die Leistung auf Lebenszeit geschuldet, so ist das Alter des Berechtigten anzugeben.

Artikel 4.

Die Leiter oder Geschäftsführer eines im Inland ansässigen Unternehmens, an dem feindliche Staatsangehörige beteiligt sind, haben Namen, Wohnort und Staatsangehörigkeit der beteiligten feindlichen Staatsangehörigen sowie Art und Umfang ihrer Beteiligung nach Maßgabe des Anmeldebogens D anzumelden. Als Beteiligung im Sinne dieser Vorschrift gilt auch der Aktienbesitz. Dieser ist anzumelden, soweit den Leitern oder Geschäftsführern bekannt ist, ob und in welchem Umfang Aktien im Besitze feindlicher Staatsangehöriger sind.

Artikel 5.

Ist keiner der Inhaber eines im feindlichen Ausland ansässigen Unternehmens feindlicher Staatsangehöriger, so entfällt die Anmeldepflicht nach Artikel 2 bis 4.

Ein im nichtfeindlichen Ausland ansässiges Unternehmen, dessen sämtliche Inhaber feindliche Staatsangehörige sind, steht einem im feindlichen Ausland ansässigen Unternehmen im Sinne der Vorschriften der Artikel 2 bis 4 gleich.

Artikel 6.

Einem feindlichen Staatsangehörigen im Sinne dieser Bekanntmachung stehen privatrechtliche oder öffentlichrechtliche juristische Personen, die in den feindlichen Staaten ihren Sitz haben, insbesondere diese Staaten selbst gleich.

Artikel 7.

Besteht Zweifel über die Staatsangehörigkeit einer Person, die ihren Wohnsitz oder ihren dauernden Aufenthalt im feindlichen Ausland hat, so hat der Anmeldepflichtige sie als feindlichen Staatsangehörigen im Sinne dieser Bekanntmachung zu behandeln.

Artikel 8.

Beträgt das vom Anmeldepflichtigen anzumeldende Vermögen eines feindlichen Staatsangehörigen weniger als 500 Mark, so darf die Anmeldung dieses Vermögens unterbleiben.

Bei wiederkehrenden Leistungen ist der Jahresbetrag maßgebend.

Artikel 9.

Für die Anmeldung auf Grund der Verordnung scheidet das von einer Reichs-, Staats- oder Kommunalbehörde verwaltete, verwahrte oder geschuldete Vermögen sowie das nach den Verordnungen vom 4. September und 26. November 1914 (RGBl. S. 397, 487) unter staatlicher Überwachung oder zwangsweiser Verwaltung stehende Vermögen aus. Für Staatsbanken hat es bei der Anmeldepflicht nach Maßgabe dieser Bekanntmachung zu bewenden. Das gleiche gilt auch hinsichtlich der Reichsbank.

Artikel 10.

Nicht anzumelden sind:

1. Bürgschafts- und Regreßverbindlichkeiten, es sei denn, daß der Bürgschafts- oder Regreßfall schon eingetreten ist,
2. Versicherungsprämien; Verpflichtungen, welche die Zahlung einer Versicherungsleistung zum Gegenstande haben, sind nur insoweit anzumelden, als der Versicherungsfall eingetreten ist,
3. Urheberrechte und gewerbliche Schutzrechte, unbeschadet der Anmeldung von vermögensrechtlichen Ansprüchen, die auf Grund solcher Rechte entstanden sind,
4. Seeschiffe.

Artikel 11.

Bedingte oder bestrittene Verbindlichkeiten sind mit dem Vermerk „bedingt“ oder „bestritten“ zu kennzeichnen.

Ist eine Leistung von einer noch ausstehenden Gegenleistung abhängig, so entfällt die Anmeldepflicht.

Artikel 12.

Für die Anmeldung auf Grund der Artikel 1, 2, 3 und 4 sind Anmeldebogen nach den als Anlage beigefügten Mustern (A, B, C, D) zu verwenden.*)

Artikel 13.

Maßgebend für die Anmeldung ist, vorbehaltlich besonderer Anordnungen auf Grund des § 7 der Verordnung, der Stand am Tage des Inkrafttretens dieser Bekanntmachung.

Artikel 14.

Die Anmeldung hat bis zum 15. Dezember 1915 zu erfolgen; dem Anmeldepflichtigen kann auf seinen Antrag eine Nachfrist gewährt werden.

Artikel 15.

Diese Bekanntmachung tritt mit dem Tage der Verkündung in Kraft.

Berlin, den 10. Oktober 1915.

Der Reichskanzler
In Vertretung
Delbrück.

8. Bekanntmachung über Anmeldestellen für feindliches Vermögen und für Auslandsforderungen.

Vom 24. Januar 1918.
(RGBl. S. 62.)

Der Bundesrat hat auf Grund des § 3 des Gesetzes über die Ermächtigung des Bundesrats zu wirtschaftlichen Maßnahmen usw. vom 4. August 1914 (RGBl. S. 327) folgende Verordnung erlassen:

§ 1.

Der Reichskanzler wird ermächtigt, bei Erlaß von Vorschriften über die Anmeldung des im Inland befindlichen Vermögens von Angehörigen feindlicher Staaten (Verordnung vom 7. Oktober 1915 — RGBl. S. 633 —) und über die Anmeldung von Auslandsforderungen (Verordnung vom 16. Dezember 1916 — RGBl. S. 1400 —) die Stellen zu bestimmen, bei denen die Anmeldung zu erfolgen hat.

§ 2.

Der Reichskanzler kann bestimmen, unter welchen Voraussetzungen der Treuhänder Auskunft über feindliches Vermögen erteilen darf.

§ 3.

Diese Verordnung tritt mit dem Tage der Verkündung in Kraft.

Berlin, den 24. Januar 1918.

Der Reichskanzler
In Vertretung:
Freiherr von Stein.

---

*) Die Anmeldebogen s. u. 5.

4. Bekanntmachung über die Anmeldung des im Inland befindlichen Vermögens von Angehörigen feindlicher Staaten und über die Anmeldung von Auslandsforderungen.

Vom 30. Januar 1918.
(RGBl. S. 67.)

Auf Grund der §§ 1 und 4 der Verordnung über die Anmeldung des im Inland befindlichen Vermögens von Angehörigen feindlicher Staaten vom 7. Oktober 1915 (RGBl. S. 633), des § 1 der Verordnung über die Anmeldung von Auslandsforderungen vom 16. Dezember 1916 (RGBl. S. 1400) und des § 1 der Verordnung über Anmeldestellen für feindliches Vermögen und für Auslandsforderungen vom 24. Januar 1918 (RGBl. S. 62) wird folgendes bestimmt:

Artikel 1.

Das im Inland befindliche Vermögen von Angehörigen folgender feindlicher Staaten:

Japan, Portugal, Italien, Vereinigte Staaten von Amerika, Panama, Kuba, Siam, Liberia, China und Brasilien

ist anzumelden.

Artikel 2.

Auf die Anmeldung finden die Vorschriften der §§ 1 bis 3, 5, 6, 12 der Verordnung vom 7. Oktober 1915 (RGBl. S. 633) und die Bestimmungen der Bekanntmachung vom 10. Oktober 1915 (RGBl. S. 653) über die Anmeldung des im Inland befindlichen Vermögens von Angehörigen feindlicher Staaten mit der Maßgabe entsprechende Anwendung, daß die Anmeldung bis zum 1. April 1918 bei dem Treuhänder für das feindliche Vermögen in Berlin W 8, Kronenstraße 44, zu erfolgen hat.

Artikel 3.

Auf Geld lautende Forderungen gegen Schuldner in den Vereinigten Staaten von Amerika, Panama, Kuba, Siam, Liberia, China und Brasilien sind anzumelden, sofern die Forderungen bereits vor den nachstehend angegebenen Zeitpunkten als Geldforderungen bestanden haben: hinsichtlich der Vereinigten Staaten von Amerika vor dem 6. April 1917, hinsichtlich Panamas vor dem 7. April 1917, hinsichtlich Kubas vor dem 10. April 1917, hinsichtlich Siams vor dem 22. Juli 1917, hinsichtlich Liberias vor dem 4. August 1917, hinsichtlich Chinas vor dem 14. August 1917 und hinsichtlich Brasiliens vor dem 26. Oktober 1917.

Artikel 4.

Auf die Anmeldung der im Artikel 3 bezeichneten Forderungen finden die Vorschriften der Verordnung vom 16. Dezember 1916 (RGBl. S. 1400) und die Bestimmungen der Bekanntmachung vom 23. Februar 1917 (RGBl. S. 183) über die Anmeldung von Auslandsforderungen mit der Maßgabe entsprechende Anwendung, daß die Anmeldung bis zum 1. April 1918 bei der Geschäftsstelle für Auslandsforderungen, Berlin SW. 61, Gitschinerstraße 97—103, zu erfolgen hat.

Für die im Ausland oder in deutschen Schutzgebieten ansässigen Deutschen sowie hinsichtlich der Beteiligungen an Unternehmen in Feindesland bewendet es bei der im Artikel 5 der Bekanntmachung vom 23. Februar 1917 zugelassenen Anmeldung bei dem Reichskommissar zu Erörterung von Gewalttätigkeiten gegen deutsche Zivilpersonen in Feindesland.

Artikel 5.

Diese Bekanntmachung tritt mit dem Tage der Verkündung in Kraft.

Berlin, den 30. Januar 1918.

Der Reichskanzler
In Vertretung:
Freiherr von Stein.

5. Anmeldebogen.

Als feindliche Staaten im Sinne der Verordnung gelten Großbritannien und Irland, Frankreich, Rußland und Finnland sowie die Kolonien und auswärtigen Besitzungen dieser Staaten.

Anmeldebogen A

(auszufüllen von feindlichen Staatsangehörigen, die im Inland ihren Aufenthalt haben, vgl. 1 Artikel der Bekanntmachung).

Name (Vor- und Zuname)	**des Anmeldepflichtigen**	....
Wohnort		....
Staatsangehörigkeit		....

Anmerkung: Die Anmeldepflicht entfällt, wenn das anzumeldende Vermögen weniger als 500 Mark beträgt.

[Seite 2]

Ich melde mein gesamtes im Inland befindliches Aktivvermögen wie folgt an:

1. Inländische Grundstücke und dingliche Berechtigungen an solchen (Nießbrauch, Erbbaurecht, Fideikommißrecht usw.).

(Die Grundstücke sind nach Lage, Größe und Benutzungsart zu bezeichnen.)

2 Im Alleineigentume des Anmeldepflichtigen stehende Unternehmungen:

(Der Anmeldung ist ein Inventar sowie eine Bilanz des Unternehmens beizufügen. Es genügt das Inventar und die Bilanz des letzten Geschäftsjahrs. Inventar und Bilanz sind gleichfalls zu unterschreiben.

Die Anmeldepflicht entfällt, wenn das Unternehmen unter staatliche Aufsicht oder zwangsweise Verwaltung gestellt ist.)

Firma } des Unternehmens ....

Sitz } ....

3. Beteiligungen an inländischen Unternehmungen:

(Firma) .... (Sitz) ....

....

(Eine in Aktien oder Wertpapieren bestehende Beteiligung ist unter 4. anzugeben.)

Die Beteiligung besteht in: ....

....

4. Geld und Wertpapiere: [Seite 3]

Bargeld und Banknoten ....

Wechsel ....

Schecks ....

Aktien und Anteilscheine ....

sonstige Wertpapiere ....

(Bei Bargeld und Banknoten, Wechseln und Schecks genügt die Angabe des Gesamtbetrags; im übrigen ist außer dem Gesamtbetrage [nach dem Nennwert] auch Zahl, Art, Bezeichnung und Betrag der Stücke anzugeben. Erforderlichenfalls ist diese Einzelaufzeichnung als besondere Anlage diesem Bogen anzuheften. Diese Anlage ist gleichfalls zu unterschreiben.)

5. Wertsachen (Gold, Silber, Juwelen usw.):
(einzeln aufzuführen)

6 Auf Geld lautende Forderungen gegen inländische Schuldner in Höhe von insgesamt Mark ....

a) darunter folgende Bankguthaben (die Bank ist anzugeben) .... Mark ....

.... " ....

.... " ....

.... " ....

.... " ....

b) darunter folgende Hypotheken (das Grundstück ist anzugeben) .... " ....

.... " ....

.... " ....

.... " ....

.... " ....

7. Sonstiges Vermögen im Inland — mit Ausnahme gewöhnlichen Hausrats —: (einzeln aufzuführen)

Unterschrift:

....

(Ort und Zeit der Unterschrift) (Vor- und Zuname des Anmeldepflichtigen)

Als feindliche Staaten im Sinne der Verordnung gelten Großbritannien und Irland, Frankreich, Rußland und Finnland sowie die Kolonien und auswärtigen Besitzungen dieser Staaten.

Anmeldebogen B

(auszufüllen von Personen oder Unternehmungen, die feindliches Vermögen verwalten oder verwahren, vgl. Artikel 2 der Bekanntmachung)

1. **Name** (Vor- und Zuname) **Firma** **Wohnort** (Sitz) **Staatsangehörigkeit**	**des feindlichen Berechtigten, dessen Vermögen verwaltet oder verwahrt wird**	....
2. **Name** (Vor- und Zuname) **Wohnort**	**des Anmeldepflichtigen**	....

(Erfolgt die Anmeldung für ein Unternehmen, so ist auch dessen Firma und Sitz hier anzugeben).

Anmerkung 1. Für jeden feindlichen Staatsangehörigen sowie jedes feindliche Unternehmen, über dessen Vermögenswerte eine Anmeldung erfolgt, ist ein besonderer Bogen auszufüllen.

Anmerkung 2. Die Anmeldung über das Vermögen eines inländischen Unternehmens, an welchem feindliche Staatsangehörige beteiligt sind, erfolgt nicht nach diesem Anmeldebogen (vgl. Anmeldebogen D).

Anmerkung 3. Für die Anmeldung scheidet das Vermögen eines unter staatliche Aufsicht oder zwangsweise Verwaltung gestellten Unternehmens aus.

Anmerkung 4. Beträgt das vom Anmeldepflichtigen anzumeldende Vermögen eines feindlichen Staatsangehörigen weniger als 500 Mark, so darf die Anmeldung dieses Vermögens unterbleiben.

Anmerkung 5. Bei mehreren Niederlassungen des anmeldepflichtigen Unternehmens erfolgt die Anmeldung durch die Hauptniederlassung.

[Seite 2]

Ich verwalte oder verwahre (das von mir geleitete Unternehmen verwaltet oder verwahrt) für den auf der Vorderseite bezeichneten feindlichen Staatsangehörigen (für das auf der Vorderseite bezeichnete, im feindlichen Ausland ansässige Unternehmen) [vgl Artikel 5, 7 der Bekanntmachung] nachstehende im Inland befindliche Vermögensstücke:

---

1. Inländische Grundstücke und dingliche Berechtigungen an solchen (Nießbrauch, Erbbaurecht, Fideikommißrecht usw.)

(Lage, Größe und Benutzungsart des Grundstücks ist einzeln näher zu bezeichnen.)

---

2. Geld und Wertpapiere, und zwar:

Bargeld und Banknoten ....

Wechsel ....

Schecks ....

Aktien und Anteilscheine ....

sonstige Wertpapiere ....

(Bei Bargeld und Banknoten genügt die Angabe des Gesamtbetrages, bei Wechseln und Schecks die Angabe des Betrags der einzelnen Stücke, im übrigen ist außer dem Gesamtbetrage [nach dem Nennwert] auch Zahl, Art, Bezeichnung und Betrag der Stücke anzugeben. Erforderlichenfalls ist diese Einzelaufstellung als besondere Anlage diesem Bogen anzuheften. Die Anlage ist gleichfalls zu unterschreiben.)

[Seite 3]

3. Sonstige Wertsachen (Gold, Silber, Juwelen usw.) [einzeln aufzuführen]:

---

4. Auf Geld lautende Forderungen gegen inländische Schuldner:

insgesamt .... Mark

a) darunter folgende Bankguthaben .... „

(die Bank ist anzugeben) ....

b) darunter folgende Hypotheken .... „

(das Grundstück ist anzugeben) ....

---

5. Sonstiges Vermögen mit Ausnahme gewöhnlichen Hausrats:
(einzeln aufzuführen)

---

6. Besitzt der auf der Vorderseite bezeichnete feindliche Staatsangehörige (das auf der Vorderseite bezeichnete, im feindlichen Ausland ansässige Unternehmen) bei dem Anmeldepflichtigen ein verschlossenes Depot oder ein Bankfach (Safe), so ist dies hier anzugeben.

....

Unterschrift:

....

(Ort und Zeit der Unterschrift) (Vor- und Zuname des Anmeldepflichtigen; erfolgt die Anmeldung für ein Unternehmen, so ist die Firma beizufügen)

Als feindliche Staaten im Sinne der Verordnung gelten Großbritannien und Irland, Frankreich, Rußland und Finnland sowie die Kolonien und auswärtigen Besitzungen dieser Staaten.

Anmeldebogen C*)

(auszufüllen von im Inland ansässigen Personen oder Unternehmungen, die im Ausland befindlichen feindlichen Staatsangehörigen oder im feindlichen Ausland ansässigen Unternehmungen eine auf Geld lautende Leistung schulden, vgl. Artikel 3 der Bekanntmachung)

1. **Name** (Vor- und Zuname) **Firma** **Wohnort** (Sitz) **Staatsangehörigkeit**	**des feindlichen Gläubigers**	....
2. **Name** (Vor- und Zuname) **Wohnort**	**des Anmeldepflichtigen**	....

(Erfolgt die Anmeldung für ein Unternehmen, so ist auch dessen Firma und Sitz hier anzugeben.)

Anmerkung 1. Für jeden feindlichen Gläubiger ist ein besonderer Anmeldebogen auszufüllen.

Anmerkung 2. Die Anmeldung über die Beteiligung feindlicher Staatsangehöriger an einem Unternehmen erfolgt nicht nach diesem Anmeldebogen (vgl. Anmeldebogen D).

Anmerkung 3. Beträgt das vom Anmeldepflichtigen anzumeldende Vermögen eines feindlichen Staatsangehörigen weniger als 500 Mark, so darf die Anmeldung dieses Vermögens unterbleiben.

Anmerkung 4. Wird die Leistung einer inländischen Niederlassung eines feindlichen Unternehmens geschuldet, so entfällt die Anmeldepflicht.

Anmerkung 5. Bei mehreren Niederlassungen des anmeldepflichtigen Unternehmens erfolgt die Anmeldung durch die Hauptniederlassung.

*) Ältere Form (Anlage zur Bek. vom 10. Oktober 1915 RGBl. S. 665).

[Seite 2]

Die Verbindlichkeiten gegenüber dem Gläubiger sind einzeln nach Art, Schuldgrund und Betrag aufzuführen. Geschuldete Dividenden sind als solche besonders zu kennzeichnen. Werden außer dem Kapital auch Zinsen geschuldet, so ist der Zinssatz sowie der Tag, von welchem ab Zinsen geschuldet werden, anzugeben. Bei sonstigen wiederkehrenden Leistungen ist die Jahresleistung und die Zeitdauer, für die sie geschuldet werden, anzugeben. Wird die Leistung auf Lebenszeit geschuldet, so ist das Alter des Berechtigten anzugeben. Gesamtschulden sind als solche zu bezeichnen.

Bedingte oder bestrittene Verbindlichkeiten sind mit dem Vermerk »bedingt« oder »bestritten« zu kennzeichnen.

Ist eine Leistung von einer noch ausstehenden Gegenleistung abhängig, so entfällt die Anmeldepflicht.

Nicht anzumelden sind:

a) Bürgschafts- und Regreßverbindlichkeiten, es sei denn, daß der Bürgschafts- oder Regreßfall schon eingetreten ist,

b) Versicherungsprämien.

Ich schulde (das von mir geleitete Unternehmen schuldet) dem auf der Vorderseite bezeichneten feindlichen Staatsangehörigen (dem auf der Vorderseite bezeichneten, im feindlichen Ausland ansässigen Unternehmen) (vgl. Artikel 5, 7 der Bekanntmachung) nachstehende Beträge:

(einzeln aufzuführen)

Unterschrift:

....	....
(Ort und Zeit der Unterschrift)	(Vor- und Zuname des Anmeldepflichtigen erfolgt die Anmeldung für ein Unternehmen, so ist die Firma beizufügen)

Als feindliche Staaten im Sinne dieser Verordnung gelten Großbritannien und Irland, Frankreich, Japan, Portugal, Italien, Vereinigte Staaten von Amerika, Panama, Kuba, Siam, Liberia, China und Brasilien sowie die Kolonien und auswärtigen Besitzungen dieser Staaten.
Es wird beabsichtigt, gemäß § 2 der Bekanntmachung über den Treuhänder für das Vermögen vom 19. April 1917 (Reichs-Gesetzbl. S. 363) die umstehend angemeldeten Vermögenswerte unter Verwaltung zu nehmen, womit die Verfügungsmacht darüber auf den Treuhänder übergehen würde.

Anmeldebogen C*)

(auszufüllen von im Inland ansässigen Personen oder Unternehmungen, die im Ausland befindlichen feindlichen Staatsangehörigen oder im feindlichen Ausland ansässigen Unternehmungen eine auf Geld lautende Leistung schulden, vgl. Artikel 3 der Bekanntmachung.)

1. **Name** (Vor- und Zuname) **Firma** **Wohnsitz** (Sitz) **Staatsangehörigkeit**	**des feindlichen Gläubigers**	....
5. **Name** (Vor- und Zuname) **Wohnort** **Handelskammerbezirk**	**des Anmeldepflichtigen**	....

(Erfolgt die Anmeldung für ein Unternehmen, so ist auch dessen Firma und Sitz hier anzugeben.)

Anmerkung 1. Für jeden feindlichen Gläubiger ist ein besonderer Anmeldebogen auszufüllen.

Anmerkung 2. Die Anmeldung über die Beteiligung feindlicher Staatsangehöriger an einem Unternehmen erfolgt nicht nach diesem Anmeldebogen (vgl. Anmeldebogen D).

Anmerkung 3. Beträgt das vom Anmeldepflichtigen anzumeldende Vermögen eines feindlichen Staatsangehörigen weniger als 500 Mark, so darf die Anmeldung dieses Vermögens unterbleiben.

Anmerkung 4. Wird die Leistung einer inländischen Niederlassung eines feindlichen Unternehmens geschuldet, so entfällt die Anmeldepflicht.

Anmerkung 5. Bei mehreren Niederlassungen des anmeldepflichtigen Unternehmens erfolgt die Anmeldung durch die Hauptniederlassung.

Anmerkung 6. Für die Anmeldung scheiden unter eine staatliche Aufsicht oder zwangsweise Verwaltung gestellte Vermögenswerte aus.

---

*) Die neue Form der Anmeldebogen auf Grund der BRVO. vom 30. Januar 1918 (RGBl. S. 67).

[Seite 2]

Die Verbindlichkeiten gegenüber dem Gläubiger sind einzeln nach Art, Schuldgrund und Betrag aufzuführen. Geschuldete Dividenden sind als solche besonders zu kennzeichnen. Werden außer dem Kapital auch Zinsen geschuldet, so ist der Zinssatz sowie der Tag, von welchem ab Zinsen geschuldet werden, anzugeben. Bei sonstigen wiederkehrenden Leistungen ist die Jahresleistung und die Zeitdauer, für die sie geschuldet werden, anzugeben Wird die Leistung auf Lebenszeit geschuldet, so ist das Alter des Berechtigten anzugeben. Gesamtschulden sind als solche zu bezeichnen

Bedingte oder bestrittene Verbindlichkeiten sind mit dem Vermerk »bedingt« oder »bestritten« zu kennzeichnen.

Ist eine Leistung von einer noch ausstehenden Gegenleistung abhängig, so entfällt die Anmeldepflicht.

Nicht anzumelden sind:

a) Bürgschafts- und Regreßverbindlichkeiten, es sei denn, daß der Bürgschafts- oder Regreßfall schon eingetreten ist,

b) Versicherungsprämien.

Ich schulde (das von mir geleitete Unternehmen schuldet) dem auf der Vorderseite bezeichneten feindlichen Staatsangehörigen (dem auf der Vorderseite bezeichneten, im feindlichen Ausland ansässigen Unternehmen) (vgl. Artikel 5, 7 der Bekanntmachung) laut $\frac{\text{meinen}}{\text{unseren}}$ Geschäftsbüchern den Betrag von:

ℳ: ....

£: ....

Fr.: ....

Rbl.: ....

$: ....

....

....

Auszug des Kontos vorgenannter Firma vom Tage des letzten Ausgleichs an gebe $\frac{\text{ich}}{\text{wir}}$ nebenstehend.

Schuldgrund oder Art des Geschäftsverkehrs: ....

....

....

....

Vereinbarte Zahlungsbedingungen: ....

....

....

Die Regulierung erfolgte vor dem Kriege: ....

(ob in Mark oder in fremder Währung durch Auszahlung, Schecks, eigene oder Bank-Akzepte)

....

....

....

(Ort und Zeit der Unterschrift)

Firma:

....

(Unterschrift)

[Rückseite]

Konto-Auszug

Soll | Haben

Jahr und Monat	Tag	Art der Belastung	Verfall oder Valuta	Betrag in fremder Währung	Betrag in Mark	Jahr und Monat	Tag	Art der Gutschrift	Verfall der Rechnung	Betrag in fremder Währung	Betrag in Mark

[Seite 1]

Als feindliche Staaten im Sinne der Verordnung gelten Großbritannien und Irland, Frankreich, Rußland und Finland sowie die Kolonien und auswärtigen Besitzungen dieser Staaten.

Anmeldebogen D

(auszufüllen von den Leitern oder Geschäftsführern eines im Inland ansässigen Unternehmens, an dem feindliche Staatsangehörige beteiligt sind, vgl. Artikel 4 der Bekanntmachung.)

Firma und Sitz des Unternehmens ....

Name (Vor- und Zuname) und Wohnung des anmeldepflichtigen Leiters oder Geschäftsführers ....

Anmerkung 1. Handelt es sich um ein ausschließlich feindlichen Staatsangehörigen gehöriges Unternehmen oder um die Niederlassung eines im feindlichen Ausland ansässigen Unternehmens, so erfolgt die Anmeldung nicht nach diesem Anmeldebogen (zu vergleichen Anmeldebogen A und B).

Anmerkung 2. Die Anmeldepflicht entfällt für ein unter staatliche Aufsicht oder zwangsweise Verwaltung gestelltes Unternehmen.

Anmerkung 3. Bei mehreren Niederlassungen des anmeldepflichtigen Unternehmens erfolgt die Anmeldung durch die Hauptniederlassung.

[Seite 2]

1. Gegenstand und Gesellschaftsform des Unternehmens ....

2. Name, Wohnort und Staatsangehörigkeit der an dem Unternehmen beteiligten feindlichen Staatsangehörigen ....

3. Art der Beteiligung (z. B. Aktienbesitz, Anteil an einer offenen Handelsgesellschaft, Geschäftsanteil bei einer G. m. b. H.) ....

4. Wie hoch wird der Wert des Anteils der einzelnen feindlichen Staatsangehörigen geschätzt? ....

5. Höhe des Gesamtkapitals des Unternehmens ....

Unterschrift:

.... (Ort und Zeit der Unterschrift)

.... (Vor- und Zuname des Anmeldepflichtigen)

6. Bekanntmachung, betreffend Ausnahme von der Sperre feindlichen Vermögens.

Vom 21. Oktober 1915.

(RGBl. S. 707.)

Auf Grund der §§ 8, 10 der Verordnung über die Anmeldung des im Inland befindlichen Vermögens von Angehörigen feindlicher Staaten vom 7. Oktober 1915 (RGBl. S. 633) werden für natürliche Personen, die in den unter deutscher Verwaltung stehenden Gebieten Rußlands ihren Wohnsitz und gegenwärtigen Aufenthalt haben, sowie für juristische Personen, die dort ihren Sitz und ihre gegenwärtige Verwaltung haben, folgende Ausnahmen zugelassen:

1. Die Veräußerung, Abtretung oder Belastung ihres im Inland befindlichen Vermögens zugunsten von Personen der bezeichneten Art oder von Personen, die im Inland ihren Wohnsitz, Sitz oder dauernden Aufenthalt haben, wird gestattet.

2. Es wird gestattet, Sachen, insbesondere Wertpapiere und Geldstücke, die im Eigentum der bezeichneten Personen stehen, nach den unter deutscher Verwaltung stehenden Gebieten Rußlands abzuführen.

Berlin, den 21. Oktober 1915.

Der Reichskanzler
Im Auftrage
Richter.

VIII.

1. Bekanntmachung, betreffend Liquidation britischer Unternehmungen.

Vom 31. Juli 1916.

(RGBl. S. 871.)

Der Bundesrat hat auf Grund des § 3 des Gesetzes über die Ermächtigung des Bundesrats zu wirtschaftlichen Maßnahmen usw. vom 4. August 1914 (RGBl. S. 327) im Wege der Vergeltung folgende Verordnung erlassen:

§ 1.

Der Reichskanzler kann die Liquidation solcher Unternehmungen, deren Kapital überwiegend britischen Staatsangehörigen zusteht oder die vom britischen Gebiet aus geleitet oder beaufsichtigt werden oder bis zum Kriegsausbruche geleitet oder beaufsichtigt worden sind, sowie die Liquidation der britischen Beteiligung an einem Unternehmen anordnen. Einem Unternehmen im Sinne dieser Verordnung stehen Niederlassungen eines Unternehmens, Nachlaßmassen und Grundstücke gleich. Die Entscheidung des Reichskanzlers, daß die Voraussetzungen für die Anordnung der Liquidation gegeben sind, ist endgültig.

§ 2.

Die Liquidation ist nach den von der Landeszentralbehörde im Benehmen mit dem Reichskanzler erlassenen allgemeinen und besonderen Weisungen durch einen von der Landeszentralbehörde ernannten Liquidator durchzuführen.

§ 3.

Der für ein Unternehmen bestellte Liquidator hat sich in den Besitz des Unternehmens zu setzen. Er ist zu allen Rechtshandlungen für das Unternehmen befugt. Er kann das Unternehmen als Ganzes veräußern.

Die Befugnisse des Inhabers des Unternehmens sowie die Befugnisse anderer Personen zu Rechtshandlungen für das Unternehmen ruhen. Das gleiche gilt von den Befugnissen aller Organe.

Ist das Unternehmen in das Handelsregister eingetragen, so hat der Liquidator die Anordnung der Liquidation sowie ihre Aufhebung zur Eintragung in das Handelsregister anzumelden.

Ist für die britische Beteiligung an einem Unternehmen ein Liquidator bestellt, so übt er alle Rechte des britischen Beteiligten aus; er ist insbesondere auch befugt, die Beteiligung an das Unternehmen oder an Dritte zu veräußern. Handelt es sich um die Beteiligung an einer offenen Handelsgesellschaft, Kommanditgesellschaft oder Gesellschaft mit beschränkter Haftung, so kann der Liquidator die Gesellschaft ohne Einhaltung einer Frist kündigen.

Ist das Recht der Beteiligung in einer Urkunde verbrieft, so kann der Reichskanzler bestimmen, daß das Unternehmen an Stelle der von dem Liquidator für kraftlos zu erklärenden Urkunde eine neue Urkunde über die Beteiligung auszustellen hat.

§ 4.

Der Liquidator kann ungeachtet der Vorschrift des § 2 der Verordnung, betreffend Zahlungsverbot gegen England, vom 30. September 1914 (RGBl. S. 421) die Erfüllung vermögensrechtlicher Ansprüche fordern; die Stundung endet mit dem Ablauf eines Monats nach der Aufforderung zur Leistung.

Endet bei einem Wechsel, bei welchem durch die Stundung gemäß § 4 der Verordnung vom 30. September 1914 die Protesterhebung hinausgeschoben ist, die Stundung auf Grund der Vorschrift des Abs. 1, so bleiben gleichwohl die Protesterhebung und der Rückgriff aus dem Wechsel bis auf weiteres ausgeschlossen. Diese Vorschrift findet auf Schecks entsprechende Anwendung.

§ 5.

Für das der Liquidation unterstehende Vermögen gelten die im § 8 der Verordnung über die Anmeldung des im Inland befindlichen Vermögens von Angehörigen feindlicher Staaten vom 7. Oktober 1915 (RGBl. S. 633) bezeichneten Verfügungsbeschränkungen nicht.

Zwangsvollstreckungen, Arreste, einstweilige Verfügungen und Konkursanträge können nur mit Genehmigung der Landeszentralbehörde erfolgen. Soweit nach dem Inkrafttreten der Verordnung vom 7. Oktober 1915 Zwangsvollstreckungen, Arreste oder einstweilige Verfügungen erfolgt sind, kann der Liquidator mit Genehmigung der Landeszentralbehörde die Aufhebung verlangen.

§ 6.

Ist ein Unternehmen oder eine Beteiligung an einem Unternehmen unter Liquidation gestellt, so sind die Leiter und Angestellten verpflichtet, dem Liquidator auf Erfordern Auskunft über die Geschäftsangelegenheiten des Unternehmens, insbesondere über die beteiligten feindlichen Staatsangehörigen, zu geben. Dies gilt auch dann, wenn die Beschäftigung bei dem Unternehmen nach dem 30. Juli 1914 ein Ende genommen hat.

Wer die Auskunft vorsätzlich nicht erteilt oder wissentlich unwahre Angaben macht, wird mit Geldstrafe bis zu eintausendfünfhundert Mark oder mit Gefängnis bis zu drei Monaten bestraft.

§ 7.

Die Kosten der Liquidation sind aus dem Liquidationserlöse zu decken. Der Erlös ist, soweit er auf britische Staatsangehörige entfällt, zu hinterlegen. Die Landeszentralbehörde kann an im Inland wohnende britische Beteiligte die Auszahlung der für den Unterhalt erforderlichen Beträge gestatten.

§ 8.

Wer vorsätzlich einem gemäß dieser Verordnung bestellten Liquidator Gegenstände ganz oder teilweise entzieht, wird mit Gefängnis bis zu einem Jahre bestraft.

§ 9.

Auf Versicherungsunternehmungen, die dem Aufsichtsamte für Privatversicherung unterstehen, finden die Vorschriften dieser Verordnung mit der Maßgabe Anwendung, daß die Durchführung der Liquidation nach den vom Reichskanzler erlassenen Anordnungen erfolgt.

§ 10.

Wegen der von dem Liquidator in Ausübung oder in Veranlassung der Ausübung seiner Obliegenheiten vorgenommenen Handlungen oder Unterlassungen können Schadenersatzansprüche des Inhabers des Unternehmens oder eines an dem Unternehmen Beteiligten nur mit Genehmigung der Landeszentralbehörde geltend gemacht werden. Die Genehmigung ist zu erteilen, wenn eine schuldhafte Pflichtverletzung vorliegt. Soweit die Genehmigung nicht erteilt ist, ist der Rechtsweg unzulässig.

§ 11.

Der Reichskanzler kann die ihm nach dieser Verordnung zustehenden Befugnisse ganz oder teilweise einem Reichskommissar übertragen.

§ 12.

Als britisches Gebiet im Sinne dieser Verordnung gelten Großbritannien und Irland sowie, mit Ausnahme Kanadas und der Südafrikanischen Union, die britischen Kolonien und auswärtigen Besitzungen; als britische Staatsangehörige gelten die Angehörigen dieser Länder sowie die nach britischem Rechte begründeten juristischen Personen.

Der Reichskanzler kann im Wege der Vergeltung die Vorschriften dieser Verordnung auch auf andere feindliche Länder für anwendbar erklären.

§ 13.

Diese Verordnung tritt mit dem Tage der Verkündung in Kraft.

Berlin, den 31. Juli 1916.

Der Stellvertreter des Reichskanzlers
Dr. Helfferich.

2. Bekanntmachung zur Ergänzung der Verordnung, betreffend Liquidation britischer Unternehmungen, vom 31. Juli 1916 (RGBl. S. 871).

Vom 12. Juli 1917.
(RGBl. S. 603.)

Der Bundesrat hat auf Grund des § 3 des Gesetzes über die Ermächtigung des Bundesrats zu wirtschaftlichen Maßnahmen usw. vom 4. August 1914 (RGBl. S. 327) folgende Verordnung erlassen:

Artikel 1.

Dem § 3 der Verordnung, betreffend Liquidation britischer Unternehmungen, vom 31. Juli 1916 (RGBl. S. 871) wird der folgende Absatz 6 hinzugefügt:

Der Reichskanzler kann den Liquidator von Beschränkungen befreien, die für die Veräußerung des der Liquidation unterstehenden Vermögens gelten. Er kann den Liquidator ermächtigen, bei der Veräußerung des Vermögens die Haftung des Erwerbers für die Verbindlichkeiten des bisherigen Inhabers durch Vereinbarung mit dem Erwerber in einer von den allgemeinen Vorschriften abweichenden Weise zu regeln.

Artikel 2.

Diese Verordnung tritt mit dem Tage der Verkündung in Kraft.

Berlin, den 12. Juli 1917.

Der Stellvertreter des Reichskanzlers
Dr. Helfferich.

IX.

1. Bekanntmachung, betreffend Verträge mit feindlichen Staatsangehörigen.

Vom 16. Dezember 1916.
(RGBl. S. 1396.)

Der Bundesrat hat auf Grund des § 3 des Gesetzes über die Ermächtigung des Bundesrats zu wirtschaftlichen Maßnahmen usw. vom 4. August 1914 (RGBl. S. 327) folgende Verordnung erlassen:

1. Auflösung von Verträgen mit feindlichen Staatsangehörigen aus Gründen der Vergeltung.

§ 1.

Der Reichskanzler kann aus Gründen der Vergeltung einen Kauf- oder Lieferungsvertrag, den ein Deutscher mit einem Angehörigen Großbritanniens und Irlands, Italiens oder Frankreichs oder der Kolonien und auswärtigen Besitzungen dieser Staaten geschlossen hat, auf Antrag des Deutschen für aufgelöst erklären.

Die Aufhebungserklärung kann auf einen Teil des Vertrags beschränkt werden.

Soweit der Verkäufer zur Zeit der Stellung des Antrags die ihm in bezug auf die Leistung der verkauften Sachen obliegenden Verpflichtungen schon erfüllt hatte, ist die Aufhebungserklärung ohne Wirkung. Hat der Käufer den Kaufpreis schon gezahlt, so kann er ihn, soweit der Vertrag aufgelöst ist, zurückverlangen.

Die Vorschriften der Abs. 1 bis 3 finden auf Werkverträge sowie auf Frachtverträge, welche die Beförderung von Gütern zur See zum Gegenstande haben, und auf Mietverträge über Seeschiffe entsprechende Anwendung. Sie gelten nicht für Börsentermingeschäfte.

§ 2.

Der Reichskanzler kann die Entscheidung durch allgemeine Anordnung oder im einzelnen Falle einer anderen Stelle übertragen und nähere Anordnungen über das Verfahren treffen.

II. Rechtsstreitigkeiten über Verträge mit feindlichen Staatsangehörigen.

§ 3.

Hat ein Deutscher mit einem Angehörigen eines feindlichen Staates einen Vertrag geschlossen, so ist zur Entscheidung von Streitigkeiten über die Einwirkung des Krieges auf die Rechte und Pflichten aus dem Vertrag auch das Gericht, in dessen Bezirke der Deutsche seinen allgemeinen Gerichtsstand hat, oder, wenn er im Inland keinen allgemeinen Gerichtsstand hat, das Gericht, in dessen Bezirk er sich dauernd aufhält, zuständig.

§ 4.

Liegen bei Streitigkeiten der im § 3 bezeichneten Art für die Zustellung der Klageschrift an den feindlichen Staatsangehörigen die Voraussetzungen der öffentlichen Zustellung vor und erbietet sich der Kläger, eine Mitteilung über den Inhalt der Klage unter Angabe des Gerichts und des Verhandlungstermins in einem neutralen Lande durch eingeschriebenen Brief unter der Adresse des Beklagten zur Post zu geben oder in anderer zweckentsprechender Weise an den Beklagten zu befördern, so kann bei Bewilligung der öffentlichen Zustellung das Gericht anordnen, daß die im § 204 Abs. 2 der Zivilprozeßordnung vorgeschriebene Einrückung nur einmal und nur im Reichsanzeiger zu erfolgen hat. Das gleiche gilt in anderen Fällen, in denen das dem feindlichen Staatsangehörigen zuzustellende Schriftstück eine Ladung enthält.

Der Kläger hat glaubhaft zu machen, daß er die Mitteilung in der im Abs. 1 bezeichneten Weise innerhalb angemessener Zeit zur Post gegeben hat oder daß die Mitteilung dem Beklagten zugegangen ist; andernfalls kann das Gericht die Verhandlung vertagen und anordnen, daß der Beklagte von neuem zu laden ist.

III. Schlußvorschriften.

§ 5.

Einem Deutschen im Sinne der vorstehenden Vorschriften stehen juristische Personen oder Handelsgesellschaften anderer Art gleich, die im Inland oder in den Schutzgebieten ihren Sitz haben.

Dem Angehörigen eines feindlichen Staates im Sinne der vorstehenden Vorschriften stehen gleich:

1. natürliche Personen, die in dem feindlichen Staate ihren Wohnsitz oder ihre gewerbliche Hauptniederlassung haben;

2. juristische Personen und Handelsgesellschaften anderer Art, die in dem feindlichen Staate ihren Sitz haben;
3. Handelsgesellschaften anderer Art, die im sonstigen Ausland ihren Sitz haben, wenn an ihnen feindliche Staatsangehörige oder, soweit es sich um die Anwendung des § 1 handelt, Angehörige der dort bezeichneten feindlichen Staaten überwiegend beteiligt sind.

§ 6.

Die Vorschriften der §§ 1, 2 können durch Bekanntmachung des Reichskanzlers auf andere als die im § 1 bezeichneten feindlichen Länder für anwendbar erklärt werden.

§ 7.

Diese Verordnung tritt mit dem Tage der Verkündung in Kraft.

Der Reichskanzler bestimmt, wann und in welchem Umfang sie außer Kraft tritt.

Berlin, den 16. Dezember 1916.

Der Stellvertreter des Reichskanzlers
Dr. Helfferich.

2. Bekanntmachung zur Ausführung der Verordnung, betreffend Verträge mit feindlichen Staatsangehörigen, vom 16. Dezember 1916.

Vom 17. Dezember 1916.
(RGBl. S. 1398.)

Auf Grund des § 2 der Verordnung des Bundesrats, betreffend Verträge mit feindlichen Staatsangehörigen, vom 16. Dezember 1916 (RGBl. S. 1396) wird folgendes bestimmt:

Artikel 1.

Die Entscheidung über die Auflösung von Verträgen mit feindlichen Staatsangehörigen aus Gründen der Vergeltung wird, unbeschadet der Befugnis des Reichskanzlers zum Erlaß allgemeiner Anordnungen, dem Reichsschiedsgerichte für Kriegswirtschaft übertragen. Die Entscheidung erfolgt durch den Vorsitzenden oder in dessen Vertretung durch ein Mitglied, welches die Befähigung zum Richteramte besitzt.

Artikel 2.

Der Antrag auf Auflösungserklärung ist schriftlich bei dem Reichsschiedsgerichte für Kriegswirtschaft einzureichen.

Artikel 3.

In dem Antrag ist der Inhalt des Vertrages darzulegen.

Der Antrag soll ersehen lassen, ob die Auflösungserklärung für den ganzen Vertrag oder nur für einzelne Teile beantragt wird.

Im einzelnen soll der Antrag namentlich angeben:
1. die Vertragsparteien nach Namen, Stand oder Gewerbe, Wohnort und Staatsangehörigkeit;
2. den Zeitpunkt der Schließung des Vertrags;

3. den Gegenstand und den Umfang der Leistungen, auf die sich der Vertrag bezieht, sowie die Höhe des Entgelts;

4. den Zeitpunkt, in welchem der Vertrag zu erfüllen ist oder bei ordnungsmäßiger Erledigung zu erfüllen gewesen wäre;

5. die Abreden, durch welche für den Fall höherer Gewalt, eines Krieges usw. die Erfüllungszeit hinausgeschoben oder in sonstiger Weise Vorsorge getroffen wird; falls derartige Abreden nicht getroffen sind, ist dies ausdrücklich zu vermerken.

Der Antrag soll ferner angeben:

6. inwieweit der Vertrag von der einen oder andern Seite oder von beiden Seiten schon erfüllt ist;

7. inwieweit und aus welchen Gründen der Vertrag nach allgemeinen Rechtsgrundsätzen als fortbestehend oder hinfällig angesehen wird oder aus welchen Gründen in dieser Beziehung Zweifel obwalten;

8. die Gründe, die für die Auflösungserklärung geltend gemacht werden.

Artikel 4.

Ist eine Vertragspartei eine juristische Person, so ist außer ihrem Sitze tunlichst anzugeben, welchen Staaten im wesentlichen die Beteiligten angehören. Ist eine Vertragspartei eine Handelsgesellschaft ohne juristische Persönlichkeit, so ist Name, Wohnort und Staatsangehörigkeit der Mitglieder anzugeben.

Artikel 5.

Der Antragsteller soll die ihm zugänglichen, auf den Vertrag bezüglichen oder sonst zur Aufklärung des Sachverhältnisses dienlichen Urkunden beifügen.

Artikel 6.

Das Reichsschiedsgericht kann vor der Entscheidung weitere Ermittelungen anstellen.

Die Entscheidung ist dem Antragsteller mitzuteilen.

Artikel 7.

Für die Entscheidung wird eine zur Reichskasse fließende Gebühr erhoben.

Die Höhe der Gebühr wird von dem Reichsschiedsgerichte bestimmt. Die Gebühr soll in der Regel nicht weniger als fünfzig Mark und nicht mehr als eintausend Mark betragen. Aus besonderen Gründen kann von der Erhebung einer Gebühr Abstand genommen werden.

Das Reichsschiedsgericht kann den Erlaß der Entscheidung von der Vorauszahlung der Gebühr abhängig machen.

Die Beitreibung der Gebühr erfolgt auf Ersuchen des Reichsschiedsgerichts nach den landesgesetzlichen Vorschriften über die Beitreibung öffentlicher Abgaben.

Berlin, den 17. Dezember 1916.

Der Stellvertreter des Reichskanzlers
Dr. Helfferich.

X.

1. Bekanntmachung über den Treuhänder für das feindliche Vermögen.

Vom 19. April 1917.
(RGBl. S. 363.)

Der Bundesrat hat auf Grund des § 3 des Gesetzes über die Ermächtigung des Bundesrats zu wirtschaftlichen Maßnahmen usw. vom 4. August 1914 (RGBl. S. 327) folgende Verordnung erlassen:

§ 1.

Der Reichskanzler ernennt einen Treuhänder für das feindliche Vermögen.

§ 2.

Der Treuhänder ist befugt, im Inland befindliche Vermögensgegenstände von Feinden unter Verwaltung zu nehmen, Unternehmungen, Niederlassungen und Grundstücke jedoch nur mit Zustimmung der Landeszentralbehörde. Die Entscheidung des Treuhänders, daß die Voraussetzungen für die Übernahme der Verwaltung durch ihn vorliegen, kann nur im Aufsichtsweg angefochten werden.

Soweit es sich um Vermögen handelt, das einer staatlichen Aufsicht oder Verwaltung oder einer Liquidation nach Maßgabe der Verordnungen vom 4. September, 15. Oktober und 26. November 1914, vom 10. Februar und 31. Juli 1916 (RGBl. für 1914 S. 397, 438, 487; für 1916 S. 89, 871) untersteht, erstreckt sich die Befugnis des Treuhänders nur auf solche Gegenstände, die ihm aus diesem Vermögen überwiesen werden. Bei Unternehmungen, die nach Maßgabe der Verordnung vom 4. September 1914 unter Aufsicht stehen, sind die Aufsichtspersonen befugt, die Überweisung von Geldern oder Wertpapieren, die für die Fortführung des Betriebs nicht erforderlich sind, an den Treuhänder anzuordnen.

§ 3.

Die für die Hinterlegung bei der Reichsbank geltenden Vorschriften

des § 4 Abs. 2 der Verordnung, betreffend die Überwachung ausländischer Unternehmungen, vom 4. September 1914 (RGBl. S. 397),

des § 3 der Verordnung, betreffend Zahlungsverbot gegen England, vom 30. September 1914 (RGBl. S. 421) und

des § 5 Abs. 2 Satz 1 der Verordnung, betreffend die zwangsweise Verwaltung französischer Unternehmungen, vom 26. November 1914 (RGBl. S. 487)

werden dahin geändert, daß an die Stelle der Hinterlegung bei der Reichsbank die Abführung an den Treuhänder tritt.

Soweit vor dem Inkrafttreten dieser Verordnung auf Grund der im Abs. 1 angeführten Vorschriften eine Hinterlegung bei der Reichsbank erfolgt ist, kann der Treuhänder die hinterlegten Beträge und Wertpapiere an Stelle der Reichsbank in Verwaltung nehmen.

§ 4.

Auf die Verwaltung des Treuhänders finden die Vorschriften des § 2, des § 5 Abs. 1 und des § 6 der Verordnung vom 26. November 1914

(RGBl. S. 487) sowie die Vorschriften des Artikel 1 der ergänzenden Verordnung vom 24. Juni 1915 (RGBl. S. 351) entsprechende Anwendung. Der Reichskanzler tritt an die Stelle der Landeszentralbehörde. Ein Anspruch gegen den Feind kann gegen den Treuhänder, wenn diesem auf Grund des § 2 der Verordnung vom 26. Oktober*) 1914 die Vertretung des Feindes zusteht, nur mit seiner Zustimmung gerichtlich geltend gemacht werden.

Auf Verlangen des Treuhänders ist jedermann verpflichtet, über das Vermögen von Feinden Auskunft zu erteilen.

§ 5.

Der § 8 der Verordnung über die Anmeldung des im Inland befindlichen Vermögens von Angehörigen feindlicher Staaten vom 7. Oktober 1915 (RGBl. S. 633) wird dahin geändert, daß an die Stelle der zur Veräußerung, Abtretung oder Belastung solchen Vermögens erforderlichen Genehmigung des Reichskanzlers die Genehmigung des Treuhänders tritt. Ebenso gehen die im § 10 der genannten Verordnung in bezug auf die Abführung nach dem Ausland dem Reichskanzler übertragenen Befugnisse auf den Treuhänder über.

Soweit Zwangsvollstreckungen, Arreste oder einstweilige Verfügungen gegen das vom Treuhänder in Verwaltung genommene Vermögen nach der Erklärung des Kriegszustandes gegenüber dem im einzelnen Falle in Betracht kommenden Staate erfolgt sind, kann der Treuhänder die Aufhebung verlangen.

Zwangsvollstreckungen, Arreste, einstweilige Verfügungen und Konkursanträge gegen das vom Treuhänder in Verwaltung genommene Vermögen können in allen Fällen nur mit seiner Genehmigung erfolgen.

§ 6.

Der Treuhänder kann ungeachtet des § 2 der Verordnung vom 30. September 1914 (RGBl. S. 421) die Erfüllung der von ihm in Verwaltung genommenen Ansprüche fordern; die Stundung endet mit dem Ablauf eines Monats nach der Aufforderung zur Leistung.

Endet bei einem Wechsel, bei welchem durch die Stundung gemäß § 4 der Verordnung vom 30. September 1914 die Protesterhebung hinausgeschoben ist, die Stundung auf Grund der Vorschrift des Abs. 1, so bleiben gleichwohl die Protesterhebung und der Rückgriff aus dem Wechsel bis auf weiteres ausgeschlossen. Diese Vorschrift findet auf Schecks entsprechende Anwendung.

§ 7.

Auf Geldforderungen, die fällig sein würden, falls die im § 2 der Verordnung vom 30. September 1914 vorgesehene Stundung nicht bestände, sind für die Zeit vom 1. April 1917 an Zinsen in Höhe des für Verzugszinsen geltenden Satzes an den Treuhänder zu entrichten. Zinsen von Zinsen sind auf Grund dieser Vorschrift nicht zu entrichten.

Bei Geldforderungen, die noch nicht fällig, aber nach Gesetz oder Vertrag schon vor der Fälligkeit zu verzinsen sind, hat der Schuldner gleichfalls die für die Zeit vom 1. April 1917 ab laufenden Zinsen an den Treuhänder zu entrichten.

Der Reichskanzler bestimmt, an welchen Terminen die Zinsen zu entrichten sind. Er kann auch über die Höhe der zu entrichtenden Zinsen besondere Bestimmungen treffen und Ausnahmen zulassen.

*) November!

Die in den Abs. 1, 2 bezeichneten Verpflichtungen treten ein, auch wenn der Treuhänder den Anspruch nicht unter Verwaltung genommen hat und ohne daß es einer Aufforderung des Treuhänders bedarf. In den Fällen des Abs. 1 tritt die Verpflichtung ohne Rücksicht auf Pfändungen oder Verpfändungen des gestundeten Anspruchs ein.

Auf Forderungen aus Wechseln oder Schecks finden die Vorschriften der Abs. 1 bis 3 keine Anwendung.

§ 8.

Wer die von dem Treuhänder auf Grund des § 4 Abs. 2 erforderte Auskunft nicht erteilt oder wissentlich unwahre Angaben macht, wird mit Geldstrafe bis zu eintausendfünfhundert Mark oder mit Gefängnis bis zu drei Monaten bestraft.

Die Verfolgung tritt nur auf Antrag des Treuhänders ein.

§ 9.

Der Reichskanzler kann Ausführungsvorschriften erlassen.

§ 10.

Diese Verordnung tritt mit dem 1. Mai 1917 in Kraft. Der Reichskanzler bestimmt, wann sie außer Kraft tritt.

Berlin, den 19. April 1917.

Der Stellvertreter des Reichskanzlers
Dr. Helfferich.

2. Bekanntmachung, betr. Ausnahmebewilligung von den Zahlungsverboten gegen das feindliche Ausland.

(Reichsanzeiger Nr. 189 vom 10. August 1918.)

Die dem Reichskanzler auf Grund des § 7 der Verordnung, betreffend Zahlungsverbot gegen England, vom 30. September 1914 (RGBl. S. 421) und des Artikel 3 der Verordnung, betreffend die Stundungsvorschriften der Zahlungsverbote gegen das feindliche Ausland, vom 17. Januar 1917 (RGBl. S. 51) zustehenden Befugnisse der Bewilligung von Ausnahmen von den Vorschriften dieser Verordnungen habe ich auf den Treuhänder für das feindliche Vermögen übertragen. Gesuche um Bewilligung von Ausnahmen von den genannten Vorschriften sind an den Treuhänder für das feindliche Vermögen, Berlin, W. 10, Mohrenstr. 34, zu richten.

Berlin, den 4. August 1917.

Der Stellvertreter des Reichskanzlers
Dr. Helfferich.

8. Formulare des Treuhänders.

a) Ankündigung der Inverwaltungnahme.

Der Treuhänder für das feindliche Vermögen

Berlin W 8, den ....
Mohrenstraße 34/35
Fernsprecher: Zentrum 2781 und 2782.

Nr. ....
(In der Antwort gefälligst anzugeben.)

Nach dem von Ihnen eingereichten Anmeldebogen „C" vom . . . . hat der — die — . . . . Staatsangehörige . . . . .

gegen Sie eine Forderung . . . . von . . . . . .

Gemäß § 2 der Bekanntmachung über den Treuhänder für das feindliche Vermögen vom 19. April 1917 (RGBl. S. 363, siehe Rückseite) beabsichtige ich, diese Forderung unter meine Verwaltung zu nehmen, womit die Verfügungsmacht über die Forderung auf mich übergehen würde. Gegenforderungen oder sonstige Ansprüche an den feindlichen Gläubiger werden hierdurch nicht berührt.

Auf Grund des § 7 a. a. O. ersuche ich Sie, von der oben genannten Forderung für die Zeit vom 1. April 1917 an Zinsen in Höhe des für Verzugszinsen geltenden oder aber des mit dem Gläubiger vereinbarten Satzes für mich am 1. jeden Kalenderhalbjahres, beginnend mit dem 1. Januar 1918, auf mein Girokonto bei der Reichsbank in Berlin zu überweisen und mir hiervon jedesmal Anzeige zu machen.

Im übrigen sehe ich zunächst davon ab, gemäß § 6 a. a. O. die Erfüllung der von mir in Verwaltung zu nehmenden Ansprüche zu fordern, doch bleibt Ihnen nach § 3 a. a. O. anheimgestellt, sich dadurch zu befreien, daß Sie die geschuldeten Beträge an mich abführen.

Für Schulden in fremder Währung sind, soweit nicht zwischen Gläubiger und Schuldner etwas anderes vereinbart ist, die Friedenskurse*) in Ansatz zu bringen. Durch diese Umrechnung werden anderweitige Abmachungen oder später etwa durch den Friedensvertrag oder sonstige Maßnahmen der Gesetzgebung oder Verwaltung getroffene Bestimmungen über den Ausgleichskurs in ihrer Wirkung nicht beschränkt.

Ich ersuche, mir den Empfang dieses Schreibens zu bestätigen und gleichzeitig den anliegenden Vordruck ausgefüllt zurückzureichen.

---

*) Anmerkung: M. 20,40 für das Pfund, M. 0,81 für den Franc und die Lira, M. 2,16 für den Rubel, M. 4,20 für den Dollar.

b) Vordruck zur Ausfüllung durch den Schuldner.

An den

Treuhänder für das feindliche Vermögen

Berlin W 8

Mohrenstraße 34/35

Betr. Journal Nr. ....

Akte Nr. ....

Gläubiger: ....

....

Ort: ....

Adresse: ....

Ich/Wir schulde der vorstehenden Firma laut meinen/unseren Geschäftsbüchern den Betrag von:

Mk.: ....

£: ....

Fr.: ....

Rbl.: ....

....

....

....

Auszug des Kontos vorgenannter Firma vom Tage des letzten Ausgleichs an gebe ich/wir umstehend.

Schuldgrund oder Art des Geschäftsverkehrs: ....

....

....

....

Vereinbarte Zahlungsbedingungen: ....

....

....

Die Regulierung erfolgte vor dem Kriege: ....

(ob in Mark oder in fremder Währung durch Auszahlung, Schecks, eigene oder Bank-Akzepte)

....

....

....

(Ort und Zeit der Unterschrift)

Firma:

....

(Unterschrift)

[Rückseite]

Konto-Auszug

Soll											Haben
Jahr und Monat	Tag	Art der Belastung	Verfall oder Valuta	Betrag in fremder Währung	Betrag in Mark	Jahr und Monat	Tag	Art der Gutschrift	Verfall der Rechnung	Betrag in fremder Währung	Betrag in Mark

c)

Erläuterungen.

Die Ausführung der Bekanntmachung über den Treuhänder für das feindliche Vermögen hat zu vielfachen Mißverständnissen Anlaß gegeben, die sich insbesondere auf die Entschließung des Treuhänders, bestimmte feindliche Vermögen unter Verwaltung zu nehmen, sowie auf die Zinsfrage erstrecken. Es ist sogar der Auffassung Ausdruck gegeben worden, als ob durch die Treuhänderverordnung mehr das Interesse der feindlichen Ausländer als der Inländer gewahrt würde.

Die Erklärung des Treuhänders, daß er ein bestimmtes feindliches Vermögen (Guthaben, Wertpapiere, Forderungen usw.) unter Verwaltung nehme, bedeutet nicht, wie vielfach angenommen wird, eine Beschlagnahme des feindlichen Vermögens zugunsten des Reichs. Insbesondere bedeutet die Erklärung nicht, daß das Vermögen von dem Treuhänder eingezogen werden muß. Der deutsche Schuldner *kann* sich durch Zahlung an den Treuhänder befreien. Er ist jedoch dazu nicht verpflichtet, solange der Treuhänder nicht das ihm durch § 6 der Verordnung vom 19. April 1917 (RGBl. S. 363) verliehene Recht ausübt, die Erfüllung der von ihm in Verwaltung genommenen Ansprüche zu fordern. Macht weder der deutsche Schuldner von dem ihm gesetzlich eingeräumten Recht zur Abführung an den Treuhänder, noch dieser von dem Recht der Leistungsforderung Gebrauch, so verbleibt das betreffende feindliche Vermögen trotz der Verwaltung des Treuhänders bei dem deutschen Schuldner.

Die Übernahme in die Verwaltung des Treuhänders hat zunächst eine statistische Bedeutung, insofern der Treuhänder die Verwaltung auf einen feindlichen Vermögensgegenstand erst dann ausdehnt, wenn durch Schriftwechsel das Bestehen der Forderung, des Guthabens usw. sowie der Rechtsgrund einwandsfrei klargestellt sind. Mit der Übernahme der Verwaltung wird das betreffende feindliche Vermögen als bestehend im Wege kaufmännischer Buchführung der Gesamtstatistik einverleibt.

Rechtlich bedeutet die Verwaltung durch den Treuhänder, daß die Verfügung des deutschen Schuldners über das feindliche Vermögen von der Zustimmung des Treuhänders abhängig gemacht wird. Letzterer tritt damit an die Stelle der bisher zuständigen Reichsbehörden. Dem Schuldner bleiben im Verhältnis zu dem ausländischen Gläubiger alle Rechte gewahrt, die er gegen seinen Gläubiger geltend machen kann, insbesondere das Recht der Aufrechnung, der Zurückbehaltung usw. Diese Rechte können durch eine ausdrückliche Erklärung gegenüber dem Treuhänder unter Darlegung des Sachverhalts geltend gemacht werden.

Im Verhältnis zu anderen feindlichen Gläubigern verbessert sich die Lage des deutschen Schuldners insofern, als durch die Verwaltung des Treuhänders ein Zusammenhang mit den anderen deutschen Schuldnern begründet wird. Die Erwägungen über die Verwertung dieses Zusammenhanges im Interesse der deutschen Schuldner schon vor dem Friedensschluß schweben noch und können erst zum Abschluß gebracht werden, wenn der Gesamtüberblick bei dem Treuhänder einerseits und der Anmeldestelle für Auslandsforderungen andererseits vorliegt. Daß für die Friedensverhandlungen die zusammenfassende Verfügungsmacht des Treuhänders eine wesentliche und unentbehrliche Stütze bilden wird, bedarf keiner näheren Darlegung. Es darf nur an die Valutafrage erinnert werden. Möglichste Erleichterung der Überführung des feindlichen Vermögens in die Verwaltung des Treuhänders liegt daher im Interesse der deutschen Schuldner selbst.

Die vom Gesetz festgesetzte Verpflichtung zur Zahlung von Zinsen bedeutet eine Beseitigung der bisherigen zinslosen Stundung. Die an den Treuhänder abgeführten Zinsen werden nach Friedensschluß zur Deckung der dem feindlichen Gläubiger von dem deutschen Schuldner etwa zu zahlenden Zinsen verwendet werden. Über die Höhe des Zinssatzes, Zinstermine, Ausnahmen aus Billigkeitsgründen entscheidet der Treuhänder auf Antrag. Solche Billigkeitsgründe werden z. B. vorliegen, wenn der deutsche Schuldner von feindlichen Ausländern ebensoviel oder mehr zu fordern hat als er selbst schuldet, wenn er in einem solchen Falle nachweist, daß er durch die schon jetzt erfolgende Zahlung von Zinsen an den Treuhänder statt der erst nach Friedensschluß notwendigen Zahlung geschäftlich in Bedrängnis geraten würde, oder wenn begründeter Anlaß zu der Annahme besteht, daß der feindliche Gläubiger sich bereits anderweit — z. B. aus einer liquidierten Filiale des deutschen Schuldners im Auslande — befriedigt hat und damit die Schuld erloschen ist u. dgl. m.

Hinzuzufügen ist, daß die Verwaltung des Treuhänders, die eine volle Verfügungsmacht bedeutet, den Treuhänder in die Lage setzen kann, auf Antrag des deutschen Schuldners etwa erforderliche Erklärungen des feindlichen Gläubigers, z. B. Zustimmung zu einem Zwangsvergleich u. dgl. m., zu ersetzen.

Schließlich sei gegenüber den vielfachen und im Hinblick darauf, daß es sich um die Verfügung über erhebliche Vermögenswerte handelt, durchaus verständlichen Anfragen nach der Legitimation des unterzeichneten Geheimen Oberregierungsrat Albert darauf hingewiesen, daß die Bekanntmachung über den Treuhänder für das feindliche Vermögen vom 19. April 1917 in Nr. 79 des RGBl. S. 363, die Ernennung des Geheimen Oberregierungsrat Albert zum Treuhänder im amtlichen Teil der Nr. 95 des Deutschen Reichs- und Preußischen Staatsanzeigers veröffentlicht ist. Beide Blätter können an amtlichen Stellen, wo sie gehalten werden, z. B. bei den Handelskammern, Magistraten, Landratsämtern usw., eingesehen werden.

Albert
Geheimer Oberregierungsrat.

d) Die Inverwaltungnahme.

Der Treuhänder für das
feindliche Vermögen
Reichsbank-Giro-Konto Berlin
Postscheck-Konto Berlin Nr. 30290

Berlin W 8, den ....
Mohrenstraße 34/35
Fernsprecher: Zentrum 2781 und 2782

Nr. ______
(In der Antwort gefl. anzugeben)

Auf das Schreiben vom . . . . . . und den beigefügten Konto-Auszug nehme ich gemäß § 2 der Bekanntmachung über den Treuhänder für das feindliche Vermögen vom 19. April 1917 (RGBl. S. 363) die Forderung des/der . . . . Staatsangehörigen . . . . . . unter meine Verwaltung und belaste Sie demgemäß mit . . . . £—Frs.—Rbl.—$ umgerechnet zum vorläufigen Kurse von Mk. . . . . mit

Mk. . . . . Val. 31. März 1917.

Die Umrechnung erfolgt vorbehaltlich späterer endgültiger Verrechnung.

Für Zinsen gemäß § 7 der oben erwähnten Bekanntmachung in Höhe von % für die Zeit vom 1. IV. 1917 bis . . . . habe ich Sie mit

Mk. . . . . .

belastet.

Dagegen vergüten Sie mir durch

Mk. . . . . . . Val.

wofür ich Sie erkannt habe.

B. Österreichisches Recht.

I.

Kaiserliche Verordnung vom 16. Oktober 1914, betreffend Vergeltungsmaßregeln auf rechtlichem und wirtschaftlichem Gebiete anläßlich der kriegerischen Ereignisse.

(RGBl. für die im Reichsrate vertretenen Königreiche und Länder Nr. 289 S. 1147.)

Auf Grund des § 14 des Staatsgrundgesetzes vom 21. Dezember 1867, RGBl. Nr. 141, finde Ich anzuordnen, wie folgt:

§ 1.

Die Regierung wird ermächtigt, kraft des Vergeltungsrechtes Verordnungen oder Verfügungen rechtlicher oder wirtschaftlicher Art über die Behandlung von Ausländern und ausländischen Unternehmungen zu erlassen und Maßregeln zu treffen, die geeignet sind, die unmittelbare oder mittelbare Vollziehung von Leistungen in das feindliche Ausland zu verhindern.

§ 2.

Wer vorsätzlich den auf Grund des § 1 erlassenen Vorschriften zuwiderhandelt, wird wegen Vergehens mit strengem Arrest von einem Monat bis zu einem Jahre bestraft.

Neben der Freiheitsstrafe kann Geldstrafe bis zu 50000 K verhängt werden, die in den Staatsschatz fließt.

§ 3.

Die Kaiserliche Verordnung tritt mit dem Tage der Kundmachung in Kraft. Mit dem Vollzuge sind der Minister des Innern und die anderen beteiligten Minister beauftragt.

II.

Verordnung des Gesamtministeriums vom 22. Oktober 1914 über Vergeltungsmaßregeln bei Guthaben und Forderungen, die Angehörigen feindlicher Staaten zustehen.

(RGBl. Nr. 290 S. 1148.)

Auf Grund des § 1 der Kaiserlichen Verordnung vom 16. Oktober 1914, RGBl. Nr. 289, wird verordnet, wie folgt:

§ 1.

Kraft des Vergeltungsrechtes kann die Befriedigung von Ansprüchen, die Angehörigen feindlicher Staaten aus Guthaben und Forderungen gegen im Inlande tätige Unternehmungen, Einzelpersonen, öffentliche Verwaltungskörper und sonstige Körperschaften zustehen, verboten oder von der Erfüllung bestimmter Bedingungen abhängig gemacht werden. Ferner kann angeordnet werden, daß die geschuldeten Sachen bis auf weiteres bei der österreichisch-ungarischen Bank oder der Postsparkasse oder an anderen geeigneten Stellen hinterlegt werden.

§ 2.

Vom Zeitpunkte des Wirksamkeitsbeginnes der Verordnung an können alle im Inlande tätigen Unternehmungen, Einzelpersonen, öffentliche Verwaltungskörper und sonstige Körperschaften von der Regierung verhalten werden, die Guthaben und Forderungen der im § 1 bezeichneten Art anzugeben.

§ 3.

Die Verordnung tritt mit dem Tage der Kundmachung in Wirksamkeit.

Verordnung des Gesamtministeriums vom 22. Oktober 1914 über die Erlassung eines Zahlungsverbotes gegen Großbritanien und Frankreich.

(RGBl. Nr. 291 S. 1148.)

Auf Grund des § 1 der Kaiserlichen Verordnung vom 16. Oktober 1914, RGBl. Nr. 289, betreffend Vergeltungsmaßregeln auf rechtlichem und wirtschaftlichem Gebiete anläßlich der kriegerischen Ereignisse, wird verordnet, wie folgt:

§ 1.

Es wird bis auf weiteres verboten, an Angehörige von Großbritanien und Irland sowie der britischen Kolonien und Besitzungen, ferner von Frankreich und dessen Kolonien sowie an Personen, die in diesen Gebieten ihren Wohnsitz (Sitz) haben, mittelbar oder unmittelbar in bar, in Wechseln oder Schecks, durch Überweisung oder in sonstiger Weise Zahlungen zu leisten sowie Geld oder Wertpapiere mittelbar oder unmittelbar nach diesen Gebieten zu überweisen.

Dieses Verbot gilt insbesondere auch gegen jeden Erwerber des Anspruchs, der ihn nach dem 13. August 1914, wenn er aber im Inlande seinen Wohnsitz (Sitz) hat, nach dem Beginne der Wirksamkeit dieser Verordnung erworben hat.

§ 2.

Für Wechsel und Schecks, die unter dieses Zahlungsverbot fallen, wird die Zahlungszeit, die Frist für die Präsentation zur Zahlung und für die Protesterhebung bis auf weiteres hinausgeschoben.

§ 3.

Die Vorschriften der §§ 1 und 2 finden keine Anwendung auf Zahlungen im Inlande an Angehörige der im § 1 genannten Staaten, die im Inlande ihren Wohnsitz haben, ferner auf die im Inlande zu bewirkende Erfüllung von Ansprüchen, die für Angehörige solcher Staaten im Betriebe ihrer im Inlande befindlichen Niederlassungen entstanden sind.

Die Leistung von Unterstützungen an Angehörige der österreichisch-ungarischen Monarchie bleibt gestattet.

§ 4.

Der Finanzminister im Einvernehmen mit den beteiligten Ministern kann Ausnahmen von dem Verbote des § 1 zulassen.

§ 5.

Für die Dauer des Verbotes können Verzugszinsen nicht gefordert werden.

§ 6.

Der Schuldner kann sich dadurch befreien, daß er die geschuldeten Beträge oder Wertpapiere bei der österreichisch-ungarischen Bank oder bei der Postsparkasse hinterlegt.

§ 7.

Verbotswidrige Leistungen unterliegen den im § 2 der Kaiserlichen Verordnung vom 16. Oktober 1914, RGBl. 289, vorgesehenen Strafen.

§ 8.

Die Verordnung tritt mit dem Tage der Kundmachung in Wirksamkeit.

IV.

1. Verordnung des Gesamtministeriums vom 22. Oktober 1914, betr. die Überwachung ausländischer Unternehmungen.

(RGBl. Nr. 292 S. 1149.)

Auf Grund des § 1 der Kaiserlichen Verordnung vom 16. Oktober 1914, RGBl. Nr. 289, wird verordnet, wie folgt:

§ 1.

Kraft des Vergeltungsrechtes können für solche, im Geltungsgebiete dieser Verordnung tätige Unternehmungen oder Zweigniederlassungen von Unternehmungen, welche vom feindlichen Auslande aus geleitet oder beaufsichtigt werden, sowie für solche Unternehmungen, deren Erträgnisse ganz oder zum Teile in das feindliche Ausland abzuführen sind, auf Kosten der Unternehmungen Aufsichtspersonen bestellt werden, die unter Wahrung der Eigentums- und sonstigen Privatrechte des Unternehmens darüber zu wachen haben, daß während des Krieges der Geschäftsbetrieb nicht in einer den inländischen Interessen widerstreitenden Weise geführt wird.

§ 2.

Die Aufsichtspersonen sind insbesondere befugt:

1. Auskunft über alle Geschäftsangelegenheiten zu verlangen;
2. die Bücher und Schriften des Unternehmens einzusehen sowie den Bestand der Kasse und die Bestände an Wertpapieren und Waren zu untersuchen;
3. geschäftliche Maßnahmen jeder Art, insbesondere Verfügungen über Vermögenswerte und Mitteilungen über geschäftliche Angelegenheiten zu untersagen.

§ 3.

Die Leiter und Angestellten der Unternehmungen haben den zum Zwecke der Überwachung des Unternehmens von den Aufsichtspersonen getroffenen Anordnungen und Weisungen Folge zu leisten.

§ 4.

Gelder oder sonstige Vermögenswerte eines unter Aufsicht gestellten Unternehmens dürfen weder mittelbar noch unmittelbar in das feindliche Ausland abgeführt oder überwiesen werden.

Die Aufsichtspersonen können Ausnahmen zulassen. Sie können in geeigneten Fällen anordnen, daß Geld oder Wertpapiere, deren Abführung oder Überweisung nach Absatz 1 nicht erfolgen darf, zugunsten der Berechtigten bei der österreichisch-ungarischen Bank oder bei der Postsparkasse hinterlegt werden.

§ 5.

Die Verordnung tritt mit dem Tage der Kundmachung in Kraft.

2. Verordnung des Gesamtministeriums vom 7. Oktober 1915, betr. die Überwachung von Unternehmungen und Liegenschaften.

(RGBl. Nr. 304 S. 749.)

Auf Grund des § 1 der Kaiserlichen Verordnung vom 16. Oktober 1914, RGBl. Nr. 289, wird verordnet, wie folgt:

§ 1.

In Ausübung des Vergeltungsrechtes können solche im Geltungsgebiete dieser Verordnung tätige Unternehmungen oder Zweigniederlassungen von Unternehmungen, die vom feindlichen Auslande aus geleitet oder beaufsichtigt werden, oder deren Erträgnisse ganz oder zum Teile in das feindliche Ausland abzuführen sind oder deren Kapital ganz oder zum Teile Angehörigen des feindlichen Auslandes zusteht, wo immer diese ihren Wohnsitz haben, durch ministerielle Verfügung unter besondere Überwachung gestellt werden.

Die Überwachung kann ohne Verfahren und ohne Angabe von Gründen verhängt werden.

§ 2.

Die Anwendung dieser Verordnung wird dadurch nicht ausgeschlossen, daß zur Verdeckung der Beziehungen zum feindlichen Auslande, Angehörige anderer Staaten oder Inländer vorgeschoben werden, oder daß seit dem Eintritte des Kriegszustandes mit dem betreffenden feindlichen Staate, Änderungen in der Beteiligung an der Unternehmung vorgenommen wurden, oder daß die Unternehmung oder der Betrieb seit diesem Zeitpunkte an andere Personen übergegangen ist.

§ 3.

Zum Zwecke der Überwachung werden auf Kosten und Gefahr der Unternehmung Überwachungspersonen bestellt, die dafür zu sorgen haben, daß der Geschäftsbetrieb während des Krieges in einer den inländischen Interessen entsprechenden Weise geführt wird.

Die Überwachungsperson ist insbesondere befugt:

1. Auskunft über alle Geschäftsangelegenheiten zu verlangen;
2. die Bücher und Schriften der Unternehmung einzusehen, den Bestand an Bargeld und Wertpapieren zu untersuchen;

3. Postsendungen, die an die Unternehmung einlangen, von der Postanstalt für die Unternehmung in Empfang zu nehmen;
4. geschäftliche Maßnahmen aller Art, so Verfügungen über Vermögenswerte und Mitteilungen über geschäftliche Angelegenheiten zu untersagen;
5. anzuordnen, daß die Unternehmung ihre privatrechtlichen Ansprüche bei Gericht geltend macht;
6. anzuordnen, daß Geld oder Wertpapiere, deren Abfuhr oder Überweisung in das feindliche Ausland verboten ist, zugunsten der Berechtigten bei der österreichisch-ungarischen Bank, bei der Postsparkasse oder einer anderen inländischen Kreditstelle hinterlegt werden;
7. die Prokura und Handlungsvollmacht zu widerrufen.

Die Überwachungsperson ist nicht befugt, die Unternehmung gerichtlich und außergerichtlich zu vertreten.

§ 4.

Die Leiter und Angestellten der Unternehmung haben den von der Überwachungsperson getroffenen Anordnungen und Weisungen Folge zu leisten.

§ 5.

Ist für eine unter Überwachung gestellte Unternehmung kein solcher Leiter oder Angestellter im Inlande vorhanden, der zu Rechtshandlungen für die Unternehmung befugt ist, nimmt der Leiter oder Angestellte die Geschäfte nicht wahr, oder leistet er den Anordnungen der Überwachungsperson keine Folge, so ist auf Antrag der Überwachungsperson ein Betriebsführer zu bestellen.

§ 6.

Der Betriebsführer wird bei Unternehmungen, deren Firma im Handelsregister erscheint, vom Handels- und Seegerichte (Handelssenat der Kreis- oder Landesgerichte), bei anderen Unternehmungen vom Gerichtshofe erster Instanz bestellt, in dessen Sprengel die Unternehmung ihren Sitz hat.

Über die Auswahl des Betriebsführers ist die Überwachungsperson zu hören.

Ist die überwachte Unternehmung in das Handelsregister eingetragen, so ist die Bestellung des Betriebsführers von Amts wegen in das Register einzutragen.

Das Gericht hat die Bestellung des Betriebsführers auf Antrag der Überwachungsperson wieder aufzuheben.

Die Bestellung und Enthebung des Betriebsführers ist im außerstreitigen Verfahren durchzuführen.

§ 7.

Die Vollmacht des Betriebsführers erstreckt sich auf die in Art. 47 Abs. 1 und 2 HGB. bezeichneten Geschäfte und Rechtshandlungen.

Er hat die Geschäfte der überwachten Unternehmung mit der Sorgfalt eines ordentlichen Kaufmannes zu führen.

§ 8.

Der Betriebsführer hat Anspruch auf Erstattung barer Auslagen und auf eine angemessene Vergütung für seine Tätigkeit. Die Beträge sind von dem Gerichte, das ihn bestellt hat, nach Anhörung der Überwachungsperson zu bestimmen und monatlich im nachhinein von der überwachten Unternehmung zu bezahlen.

Den Anordnungen und Weisungen der Überwachungsperson hat der Betriebsführer gleich einem Leiter und Angestellten (§ 4) Folge zu leisten.

Während der Dauer der Bestellung eines Betriebsführers ruht die Vertretungsbefugnis jedes Machthabers sowie der Leiter und Angestellten.

Der Betriebsführer hat in der Weise zu zeichnen, daß er der Firma seinen Namen mit dem Zusatze „Betriebsführer" beifügt.

§ 9.

Überwachte Unternehmungen können mit Zustimmung der Überwachungsperson privatrechtliche Ansprüche bei Gericht geltend machen, ohne an den Nachweis der Gegenseitigkeit gebunden zu sein.

Die Zustimmung der Überwachungsperson ist bei Überreichung der Klage darzutun.

§ 10.

Schadenersatzansprüche des Inhabers der Unternehmung oder eines an der Unternehmung Beteiligten gegen die Überwachungsperson oder den Betriebsführer können nur mit Genehmigung der Behörde, welche die Überwachung verfügt hat, geltend gemacht werden.

Die Genehmigung ist zu erteilen, wenn eine schuldhafte Pflichtverletzung vorliegt. Gegen die Erteilung oder Verweigerung der Genehmigung ist jede Beschwerde unzulässig. Soweit die Genehmigung nicht erteilt wird, ist auch der Rechtsweg unzulässig.

§ 11.

Leiter, Angestellte und Betriebsführer, die den von der Überwachungsperson getroffenen Anordnungen und Weisungen nicht Folge leisten, werden von den politischen Behörden erster Instanz an Geld bis zu 1000 K oder mit Arrest bis zu 14 Tagen bestraft.

§ 12.

Die Bestimmungen der §§ 1 ff. finden auch auf Häuser, Landgüter und Grundstücke Anwendung.

§ 13.

Die Bestimmungen dieser Verordnung finden ohne neuerliche Verfügung der Überwachung auch auf solche Unternehmungen Anwendung, die auf Grund der Verordnung des Gesamtministeriums vom 22. Oktober 1914, RGBl. Nr. 292, unter Überwachung gestellt worden sind.

§ 14.

Diese Verordnung tritt mit dem Tage der Kundmachung in Kraft. Gleichzeitig verliert die Verordnung des Gesamtministeriums vom 22. Oktober 1914, RGBl. Nr. 292, ihre Wirksamkeit.

V.

Verordnung des Gesamtministeriums vom 1. März 1915 über die Anzeige von auf Geld oder Wertpapiere lautenden Guthaben und Forderungen der Angehörigen Großbritaniens, Frankreichs und Rußlands, dann der Personen, die in diesen Gebieten ihren Wohnsitz (Sitz) haben.

(RGBl. Nr. 48 S. 87.)

Auf Grund des § 1 der Kaiserlichen Verordnung vom 16. Oktober 1914, RGBl. Nr. 289, betreffend Vergeltungsmaßregeln auf rechtlichem und wirtschaftlichem Gebiete anläßlich der kriegerischen Ereignisse, wird verordnet, wie folgt:

§ 1.

Alle auf Geld oder Wertpapiere lautenden Guthaben und Forderungen jeder Art, welche Angehörigen Großbritaniens samt Irland, Frankreichs und Rußlands einschließlich deren Kolonien und Besitzungen, dann Personen, die in diesen Gebieten ihren Wohnsitz (Sitz) haben, gegen im Inlande tätige Unternehmungen, öffentliche Verwaltungskörper, sonstige Körperschaften und Einzelpersonen zustehen, müssen von diesen dem Finanzministerium binnen 14 Tagen angezeigt werden.

§ 2.

Der Anzeigepflicht unterliegen nicht:

1. Guthaben und Forderungen, die kleiner sind als 500 Kronen, 500 Franken, 20 Pfund oder 200 Rubel; bei wiederkehrenden Leistungen (Renten, Unterhaltsbeiträgen usw.) ist der Jahresbetrag der Schuld maßgebend;
2. Guthaben und Forderungen von Angehörigen der im § 1 genannten Staaten, die im Inlande ihren Wohnsitz (Sitz) haben;
3. Ansprüche, die für Angehörige dieser Staaten im Betriebe ihrer im Inlande befindlichen Niederlassungen entstanden und im Inlande zu erfüllen sind.

§ 3.

Die Anzeigen haben in tabellarischer Form Name und Adresse des Gläubigers und des Verpflichteten, den geschuldeten Betrag und den Rechtsgrund des Anspruches zu enthalten. Sie sind auf dem Umschlage mit dem Vermerke „über amtliche Aufforderung" zu bezeichnen und genießen Stempel- und Portofreiheit.

§ 4.

Unterlassungen der Anzeige, unvollständige und unwahre Angaben werden, sofern nicht die strengeren Strafbestimmungen des § 2 der Kaiserlichen Verordnung vom 10. Oktober 1914, RGBl. Nr. 289, Anwendung finden, gemäß der Ministerialverordnung vom 30. September 1857, RGBl. Nr. 198, bestraft.

§ 5.

Die Verordnung tritt mit dem Tage der Kundmachung in Wirksamkeit.

Von Rechtsanwalt Dr. Böckel sind erschienen:

Wirkungen des Krieges auf Rechtsverhältnisse der Elektrizitäts- und Gaswerke. München 1918.

Landesprivatrecht der Thüringischen Staaten, in Verbindung mit Oberlandesgerichtspräsident **Stichling,** Geh. Regierungsrat **Krause,** † Reichsgerichtsrat **Dr. Porzig** und † OLGRat Geh. Justizrat **Dr. Unger** (Ergänzungsband zu Dernburgs Bürgerlichem Recht). Halle 1912.

Die Grundstücksübereignung in Sachsen-Weimar-Eisenach (Band 109 von Gierkes Untersuchungen zur Deutschen Staats- und Rechtsgeschichte) Breslau 1911.

Alkoholismus und Recht. Jena 1908.

Detlev von Liliencron, Erinnerungen und Urteile. Leipzig 1912.

Die Sicherungshypothek. Jena 1901. (Vergriffen.)

FSC
www.fsc.org
MIX
Papier | Fördert gute Waldnutzung
FSC® C083411

Kolibri 360 GmbH
Ferdinand-Jühlke-Straße 7
99095 Erfurt, Deutschland
produktsicherheit@kolibri360.de